명리학그램 6
사주실전론

명리학그램6 : 사주실전론
ⓒ 김현희, 2023

발행일	2023년 9월 7일
지은이	김현희
발행인	이영옥
편집인	송은주
펴 낸 곳	도서출판 이든북
출판등록	제2001-000003호
주 소	대전광역시 동구 중앙로 193번길 73
전화번호	(042)222-2536	팩스(042)222-2530
전자우편	eden-book@daum.net
카 페	https://cafe.daum.net/eden-book
공 급 처	한국출판협동조합
	전화 (02)716-5168 (031)944-8234~6

ISBN 979-11-6701-246-3 (03810)
값 15,000 원

* 이 책의 판권은 지은이와 이든북에 있습니다.
* 이 책 내용의 전부 또는 일부를 재사용하려면 반드시
  양측에 서면 동의를 받아야 합니다.

명리학그램 6 사주실전론

저자 **김현희**

아든북

프롤로그

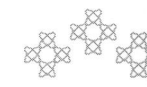

사주 경우의 수는 '60년 * 12개월 * 60일 *12시간'을 곱해서 총 518,400개이다. 남녀가 대운이 다르게 흐르니까 남녀의 다른 수까지 합하면 1,036,800개이다. 이렇게 많은 경우의 수 전부를 실전으로 해석할 수 없다. 이 책에서는 태어난 일주와 월주의 관계를 중심으로, 그리고 십성(十星)의 역학 관계를 중심으로 사주를 해석하는 방법을 설명한다.

천간(天干) 갑을병정무기경신임계(甲乙丙丁戊己庚辛壬癸)가 지지(地支) 자축인묘진사오미신유술해(子丑寅卯辰巳午未申酉戌亥)를 어떻게 만나느냐에 따라 사주의 성정(性情)과 행동과 생각이 달라진다. 이렇게 많은 경우의 수가 갖는 역학적 관계에서 일간('나')이 어떻게 달라지는지를 해석하는 게 사주 실전 해석이다. 그래서 사주 해석은 사주 해석자마다 다르다. 사주 해석 기준이 십성인지, 용신인지, 음양오행인지, 12운성인지, 12신살인지에 따라 사주 해석은 다 다르다.

사주 실전 해석은 확률적 해석이다. 한 사람의 인생을 인과적으로 정확하게 맞추는 사주 해석은 누구도 하지 못한다. 사주를 상담하는 피상담자가 사주

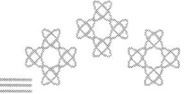

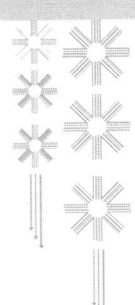

를 상담해주는 상담사에게 결론만 확실하게 말해달라고 하는 상담은 사주 상담이 될 수 없다. 결론만 확실하게 말해 달라는 피상담자는 사주를 보지 않는 게 좋다. 사주 명리학은 한 사람의 삶을 확실하게 결정하는 필연론이 아니고 우연론이다. 사주 명리학은 결정론이 아니고, 다만 확률로 설명하는 신비성이 가미된 학문이다.

 사주 명리학은 객관적 과학적인 학문이 아니다. 사주 명리학은 주관적 해석론이다. 사주 실전 해석은 사실적 지식이 아니다. 사주 실전 해석은 사주팔자를 문학적으로 해석하는 이론이다. 사주 명리학은 한 사람의 인생을 확실하게 말할 수 있는 이과적(理科的) 지식이 아니다. 사주 해석에서 맞냐, 틀리냐를 따지는 것은 사주 명리학을 공부하는 태도가 아니다. 사주 명리학은 일간('나')을 인문학적으로 조금 더 알기 위한 재미있는 공부이다.

 이 책을 읽는 독자분이나, 사주 명리학을 공부하시는 분들이 사주를 해석하는 방법에서 도움을 받고, 자기만의 사주 해석법을 터득하기를 바란다.

프롤로그 · 4

part 1 | 봄

01. 갑자 일주 · 13
02. 을축 일주 · 18
03. 병인 일주 · 23
04. 정묘 일주 · 28
05. 무진 일주 · 33
06. 기사 일주 · 38
07. 경오 일주 · 43
08. 신미 일주 · 48
09. 임신 일주 · 53
10. 계유 일주 · 58

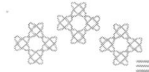

part 2 | 여름

11. 갑술 일주 · 65
12. 을해 일주 · 70
13. 병자 일주 · 75
14. 정축 일주 · 80
15. 무인 일주 · 85
16. 기묘 일주 · 90
17. 경진 일주 · 95
18. 신사 일주 · 100
19. 임오 일주 · 105
20. 계미 일주 · 110

part 3 | 가을

21. 갑신 일주 · 117
22. 을유 일주 · 122
23. 병술 일주 · 127
24. 정해 일주 · 132
25. 무자 일주 · 137
26. 기축 일주 · 142
27. 경인 일주 · 147
28. 신묘 일주 · 152
29. 임진 일주 · 157
30. 계사 일주 · 162

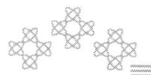

part 4 | 겨울

31. 갑오 일주 · 169
32. 을미 일주 · 174
33. 병신 일주 · 179
34. 정유 일주 · 184
35. 무술 일주 · 189
36. 기해 일주 · 194
37. 경자 일주 · 199
38. 신축 일주 · 204
39. 임인 일주 · 209
40. 계묘 일주 · 214

part 5 | 환절기

41. 십 천간의 궁합 · 221
42. 천간의 궁합 · 225
43. 사주 추론 순서 · 229
44. 일반적 사주 해석 · 233
45. 용신과 격국 · 238
46. 신왕사주, 신약사주 · 242
47. 월지와 격국(格局) · 247
48. 육친 해석 · 252

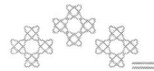

part 1

봄

갑을목은 잎으로 돋아나고
병정화는 따뜻해지고
무기토는 새싹을 낳고
경신금은 약하고 무른 종자(種子)이고
임계수는 순하게 흐른다

01. 갑자 일주

시주	일주	월주	연주	사주
庚	甲	庚	戊	천간
午	子	申	申	지지

 이 사주는 양력 1968년 8월 22일 오시(午時) 사주이다. 연주(年柱) 천간이 갑병무경임(甲丙戊庚壬) 양간(陽干)이기에 여자라면 대운이 역행(逆行)해서 기미(己未), 무오(戊午), 정사(丁巳) 운으로 흐르고, 2023년 계묘년(癸卯年)이 56세로 대운은 갑인(甲寅) 대운이다. 남자라면 연주가 양간 갑병무경임이기에 대운이 순행(順行)해서 신유(辛酉), 임술(壬戌), 계해(癸亥) 운으로 흐르고, 2023년 계묘년이 56세로 대운은 병인(丙寅) 대운이다. 사주가 똑같아도 남녀가 대운이 다르기에 남녀가 다른 운(運)을 산다. 대운은 10년간 작용하고 세운(歲運)은 1년간 작용한다.

사주는 연월일시 사주(四柱)로 구성되어 있고, 연주(年柱)는 태어난 해, 월주(月柱)는 태어난 달, 일주(日柱)는 태어난 날, 시주(時柱)는 태어난 시간이다. 이 사주를 읽을 때는 '무신년, 경신월, 갑자일, 경오시'로 읽는다. 사주를 해석할 때는 기준이 일주(태어난 날)이다. 이 사주는 일간(日干: 태어난 날의 천간) 갑목이 경신월(庚申月)에 태어났다. 갑목 나무는 위로 뻗는 기질이 있어서 능동적이고 적극적이다. 봄에 태어난 나무는 활기차게 새싹을 낸다. 여름에 태어난 나무는 울창한 그늘이 된다. 가을에 태어난 나무는 낙엽을 떨어뜨리고 우뚝하게 선다. 겨울에 태어난 나무는 새봄의 싹을 간직한 나무이다. 이 사주 일간 갑목은 경신월(庚申月)에 태어난 가을 나무로 위로 자라기를 멈추고, 뿌리와 줄기를 튼튼하게 만드는 나무이다.

일간(나) 갑목은 월주(태어난 달) 경신(庚申)에게 금극목(金剋木)으로 베임 당한다. 일간이 월주(月柱)의 간섭을 받는다. 월지(月支)의 지장간이 천간(天干)에 나와 있는 글자를 격(格)이라고 하기에, 이 사주는 편관격(偏官格)이다. 편관은 일간을 통제하고 제압한다. 편관은 일간(나)을 사회질서에 맞게 훈육하고 조정하는 법, 규율, 질서이다. 일간 갑목은 나무라서 위로 뻗는 성질이 강하지만, 월주 경신(庚申) 편관이 금극목(金剋木)으로 갑목을 조절하고 관리하기에 갑목 입장에서 경신 월주가 갑목 나무를 적절하게 키운다.

연주와 월주는 일간이 처한 사회적 가정적 환경이다. 월주가 일간을 편관으로 제압하면 일간은 사회적으로 사회화가 잘 된다. 사회화는 주어진 사회에 맞게 자기를 조절하는 능력이다. 편관은 스트레스를 버티는 인내심으로 사회적 지위를 얻을 수 있다. 편관은 사회적 권력, 권위를 상징하기에 일간에게 사회적 지위를 가져다주기도 한다. 다만 편관은 외부 상황을 참아내기에 겁이 많고, 마음이 여리고, 체력이 약할 수 있다. 이 사주는 경금(庚金)에 해당하는 폐, 대장, 척추, 뼈와 갑목(甲木)에 해당하는 뇌혈관계, 간, 담, 췌장이 약할 수 있으니까, 이런 장기에 신경을 쓰며 평소에 건강관리를 해야 한다.

월주(태어난 달)가 편관(偏官)이기에 일간 갑목은 편관에게 조정당해서 사회적 적응을 잘하는 나무가 되어 일정 지위를 가질 수 있다. 일간 갑목에게 일지(日支: 태어난 날의 지지(地支)) 자수(子水)는 갑목을 보호하는 정인(正印)이다. 정인은 좋은 엄마 같은 보호자이며 조력자이다. 일지(日支) 자수는 월지(月支: 태어난 달의 지지) 신금(申金)과 신자합수(申子合水)로 관인상생(官印相生)을 한다. 관인상생은 어른 말 잘 듣고, 사회생활을 잘해서 사회적으로 무난하게 산다. 갑자 일주가 경신금(庚申金)과 자수(子水)에게 관인상생으로 조정 당하면, 주어진 사회나 조직에서 적응 잘하는 생활인이 된다.

천간으로는 연간(年干) 무토, 월간(月干) 경금, 일간(日干) 갑목, 시간(時干) 경금으로 천간(天干)이 모두 양간(陽干)이다. 양간 갑병무경임은 역동적이고 외향적이다. 여자 사주가 양(陽) 기운의 간지(干支)가 많으면 사회적 활동력이 좋다. 집에서 살림만 하지 못하고 바깥 활동을 활발하게 한다. 무신년, 경신월, 갑자일, 경오시의 여자 사주라면 집안일만 하면서 주부로 살기보다는 전문직으로 일하면서 외부 활동을 활발하게 하면서 사는 삶이 더 좋다. 남자가 양 기운이 많은 무신년, 경신월, 갑자일, 경오시에 태어났다면 사회적 지위를 가질 수 있다.

이 사주가 여자라면, 2023년 계묘년이 56세로 갑인 대운을 산다. 갑자 일주에게 갑인 대운은 갑목을 돕는 비견운이다. 대운에서 비견운이 오면 건강하고 외롭지 않게 50대를 보낼 수 있다. 비견 운의 단점은 자기 멋대로 말하고 행동하다가 손재수나 구설수가 생길 수 있으므로 돈 관리를 잘해야 하고, 말조심해야 한다. 이 사주가 남자라면, 2023년 계묘년이 56세로 병인 대운을 산다. 갑자 일주에게 병인(丙寅) 대운은 식신과 비견이다. 식신은 열심히 일하는 생활력이고 비견은 건강운과 인맥운이다. 이 사주의 남자도 50대 대운이 무난하게 흐른다.

갑자 일주가 경오시로 태어나면 남녀 모두 자식과 부딪친다. 시간(時干: 태어난 시간의 천간)은 자식 자리이기에 자식 경금에게 일간(나) 갑목이 금극목(金剋木)으로 스트레스받고, 일지(日支) 자수(子水)는 시지(時支: 태어난 시간의 地支) 오화(午火)와 자오충(子午沖)을 한다. 일지(日支)와 시지(時支)가 자오충(子午沖)을 하기에 남녀 모두 자식 때문에 속 썩을 일이 생긴다. 일간이 시주(時柱)인 자식 자리와 충(沖)을 하면 자식 이기는 부모 없다고 하니까 자식과 갈등이 생겼을 때는 자식을 이해하는 게 좋다. 여자에게 자식은 식신과 상관이고, 남자에게 자식은 정관과 편관이다.

  이렇게 간략하게 갑자 일주 사주를 해석해보았다. 사주 실전 해석은 하나의 사주를 가지고 몇십 페이지까지도 해석할 수 있지만, 책이라는 매체의 한계로 원고 분량을 3000자(字) 정도로 하기에 여기까지만 갑자 일주를 해석한다. 사주를 해석할 때는 사주 당사자를 살리는 쪽으로 해석해야지, 사주 당사자에게 겁을 주거나 부정적인 말을 하면 안 된다. 사주학을 필연적 운명인 양 해석하면 안 된다. 사주 해석은 운에서 들어오는 글자들에 따라 얼마든지 융통성 있게 해석할 수 있다. 사주는 만나는 사람에 따라 변하고, 주어진 환경에 따라 변하는 복합적인 생명체이다. 그래서 사주 당사자의 삶에 긍정적인 의욕을 심어주는 쪽으로 사주를 해석하는 게 명리학의 존재 의의이다.

02. 을축 일주

시주	일주	월주	연주	사주
壬	乙	己	乙	천간
午	丑	丑	巳	지지

이 사주는 양력 1966년 1월 6일 오시(午時) 사주이다. 기축(己丑) 월에 을축(乙丑) 일로 태어났다. 일간(나) 을목이 한겨울 축토에서 살고 있기에 인내심과 생활력이 강하고, 축토라는 차가운 땅에 뿌리 내리고 있기에 일간 을목(꽃)이 조금은 힘들게 산다. 남자라면 대운이 역행해서 무자(戊子), 정해(丁亥), 병술(丙戌) 운으로 흐르고, 2023년 계묘년이 58세, 대운은 계미(癸未) 대운이다. 여자라면 대운이 순행해서 경인(庚寅), 신묘(辛卯), 임진(壬辰) 운으로 흐르고 2023년 계묘년이 58세, 대운은 갑오(甲午) 대운이다.

이 사주가 남자라면 현재 58세 대운이 계미(癸未) 대운이기에 편인(偏印)과 편재(偏財) 대운이다. 대운 천간 계수는 수생목(水生木) 하는 편인으로 일간(나) 을목을 돕지만, 지지의 미토는 일지(日支) 축토와 축미충(丑未沖)을 하기에 매사 조심해야 한다. 충(沖) 하는 운에서는 몸이 아프거나 손재수, 구설수, 관재수가 있다. 일간 을목이 차가운 축토에서 살고 있기에 체력이 약하다. 계미 대운의 지지 미토가 와서, 을목을 도울 수 있어도, 축토와 축미충을 하면 축토와 미토의 지장간이 다 깨지고 힘이 없기에 토 기운만 남는다. 남자라면 계미 대운 10년간은 건강, 말, 운전, 행동, 돈, 사람을 조심해야 한다.

이 사주가 여자라면, 2023년 58세는 갑오(甲午) 대운이다. 대운 갑목은 일간 을목에게 겁재(劫財)이기에 약한 을목을 도와서 건강운을 좋게 한다. 대운 지지의 오화(午火)는 축토와 원진살, 귀문관살, 탕화살을 짜기에 마음 관리와 인간관계를 잘해야 한다. 원진살과 귀문관살은 우울하고 불안하고, 좋고 싫은 감정이 교차하는 신경증을 앓을 수 있다. 대운 지지의 오화는 을목 입장에서 식신(食神)이기에 생활의 활동 범위는 넓어진다. 을축 일주가 갑오 대운을 만나면 건강운과 인맥운은 좋아지지만, 대운 지지인 오화와 일지(日支) 축토가 원진살과 귀문관살로 작용하면 감정적으로 힘들 수 있기에 밝은 생각과 긍정적인 마음으로 살아야 한다.

을축 일주는 2023년 계묘년 세운(歲運: 일 년 운세)이 편인(偏印)과 비견(比肩) 운이다. 세운 천간 계수는 일간 을목을 수생목(水生

木)으로 돕고, 지지의 묘목도 을목을 비견으로 돕는다. 을축 일주에게 계묘년이 나쁘지 않다. 편인 운이 오면 문서운, 승진운, 인맥운, 공부운이 좋아지지만, 편인이 식상을 극 하기에 직업 변동이나 부서 변동이 있을 수 있다. 여자라면 편인이 식상을 극 하기에 자식과 갈등이 있다. 식상은 여자에게 자식이다.

  일간 을목은 을목 가까이에 월주(月柱) 기축월(己丑月)과 시주(時柱) 임오시(壬午時)가 있어서, 을목을 돕는 비견이나 겁재가 없어서 외롭거나 체력이 약하다. 다행히 시간(時干: 태어난 시간의 천간) 임수가 을목에게 정인(正印)으로 수생목(水生木)을 하면서 을목을 돕는다. 일간 을목 주변에 있는 기축월주(己丑月柱)나 일지(日支:태어난 날의 지지) 축토는 을목에게 편재이다. 편재는 성실하게 돈을 벌고 알뜰하게 살면 부자가 되지만, 편재는 돈 씀씀이가 있어서 돈이 잘 모이지 않는다. 그래서 편재는 돈 씀씀이를 잘 관리 해야 부자가 된다. 일간 을목은 차가운 축토에서 살고 있기에 미래를 대비하며 살아야 노후에 돈으로 걱정하지 않는다. 그리고 축토는 인묘진(寅卯辰) 봄에 새로 태어날 씨앗을 품고 있는 땅이고, 혹은 재산이나 보물이 보호되고 있는 땅이기에, 저축만 잘하면 부자가 된다.

  연주(年柱)의 지지(地支) 사화(巳火)의 지장간 무경병(戊庚丙)과 월주(月柱)의 지지 축토(丑土)의 지장간 계신기(癸辛己)가 만나면 지장간끼리 무계합화(戊癸合火), 병신합수(丙辛合水)를 해서 일간 을목에게 화 기운과 수 기운으로 돕기에, 사화와 축토가 좋게 작용한다. 사주는 합(合)이나 생(生)을 극(剋)이나 충(沖)보다 먼저 해서 운을 좋게 만든다. 이 사주에서 용신(用神)을 잡는다면 병화인데, 연지(年支) 사화와 시지(時支) 오화의 지장간에 병화(丙火)가 있다. 지장간에 병화가 숨어 있어서 큰 도움이 되지 않지만, 대운이나 세운에서 병화 운이 들어오면, 지장간의 병화가 힘을 받기에, 나름대로 지장간의 병화는 이 사주 일간 을목에게 도움이 된다. 병화가 지장간에 숨어 있기에, 이 사주의 사람은 내면이 긍정적이고 낙관적이다.

그러나 사화와 축토는 유금(酉金)이 들어오는 운에서는 사유축(巳酉丑) 삼합을 하기에 사유축 삼합이 될 때는 금기운(金氣運)이 세진다. 금 기운은 관성으로, 일간 을목을 강하게 제압하기에, 을목이 아플 수 있다. 이럴 때는 병정화(丙丁火)가 있어서 사유축 삼합의 금 기운을 누그러뜨리면 좋다. 삼합은 사회적 합으로 일운이나 직업운이 좋아지지만, 일간 을목에게 사유축 삼합 금 기운은 건강을 약하게 만든다. 이렇게 금 기운이 세게 들어오면, 을목은 자기를 낮추고 경을합금(庚乙合金)이 되어서 환경이나 상황에 동화되어 살아남는다. 이 사주는 을목에 해당하는 간, 담, 췌장, 관절, 근육을 관리해야 건강하게 산다. 그리도 한겨울 축토에서 사는 을목(꽃)이기에, 몸을 항상 따뜻하게 해야 심혈관계와 뇌혈관계가 좋아진다. 추운 겨울의 을목은 간, 담, 췌장이 약해질 수 있어서 당뇨병이 생길 수 있으니까 젊어서부터 음식을 잘 조절해서 섭취하면 좋다.

이 사주는 건강운이 약하기에 건강관리에 유념해야 한다. 여자라면 자식이 오화(午火)와 사화(巳火)인데, 식신과 상관이 지지에 있어서 자식운이 강한 편은 아니다. 여자 사주에서 자식운이 있으려면, 자식을 상징하는 식신과 상관이 천간에 건강하게 자리 잡아야 한다. 남자에게 자식은 관성인데, 이 사주는 관성이 축토 속에 신금(辛金)으로 있어서 남자 사주라도 자식운이 강하지 않다. 이 사주가 여자라면 남편이 관성인데, 경금 정관은 축토가 묘지라서 사회적 지위가 있는 남편은 아니다. 남자라면 관성이 직업이기에 주어진 직장에서 착실하게 일하면서 직업생활을 한다. 이 사주의 장점은 일간 을목이 겨울에도 피어 있는 꽃나무이기에 생활력이 강하다는 점이고, 단점은 차가운 겨울을 버티고 있기에 체력이 약하다는 점이다.

03. 병인 일주

시주	일주	월주	연주	사주
癸	丙	庚	甲	천간
巳	寅	午	戌	지지

이 사주는 양력 1994년 6월 9일 사시(巳時) 사주이다. 남자라면 대운이 순행해서 신미(辛未), 임신(壬申), 계유(癸酉) 운으로 흐르고, 2023년 계묘년 세운은 30세, 대운은 계유(癸酉) 대운이다. 여자라면 대운이 역행해서 기사(己巳), 무진(戊辰), 정묘(丁卯) 운으로 흐르고, 2023년 계묘년 세운은 30세, 대운은 정묘(丁卯) 대운이다. 경오월(庚午月)에 병인 일주로 태어났다. 지지가 인오술(寅午戌) 삼합을 이루어서 전체적으로 불기운이 왕성한 사주이다. 삼합은 사회적 합으로 사회생활을 할 때 일간의 편이 되어주는 인맥이 된다.

지지의 인오술 화기운(火氣運)이 일간 병화를 더 뜨겁게 달구기에 월간(月干) 경금은 살아남지 못한다. 병화에게 경금은 편재인데, 편재 돈을 가지고 여러 화(火) 기운이 나눠 가지기에 재물복은 약하다. 경금 편재가 화 기운에 녹으면 재물이 사라질 수 있기에 이 사주는 돈 관리를 잘해야 하고 검소하게 살아야 재물복이 좋아진다. 사주에 비견과 겁재의 기운이 많으면 돈을 벌어도 다른 비견과 겁재와 나눠 써야 한다. 비견과 겁재는 혈육과 지인 같은 사람들이다. 비견과 겁재는 자기 편이 많다고 생각해서 자기 잘난 맛이 있고, 자기 고집을 내려놓지 못하기에 인간관계에서 손재수와 구설수가 따라다닌다.

사주에 비견과 겁재가 많으면 겸손하게 행동하고 말조심을 해야 인간관계에서 실패하지 않는다. 시지(時支: 태어난 시간의 지지)의 사화(巳火)도 불기운이기에 이 사주는 신강(身强)하다. 신강은 비겁의 기운이 많아서 사주가 세다는 의미이다. 사주에 비겁이 많으면 신강하고, 인성이 많으면 신왕(身旺)하다. 비겁과 인성은 일간을 돕기 때문에 일간이 강해진다. 신강 사주의 장점은 추진력, 경쟁력, 자신감, 굴복하지 않음이다. 신강하면 타인을 지배하려고 하기에 누구의 명령에 복종하기 힘들어서, 위계질서가 엄격한 조직 생활이나 직장 생활을 잘하지 못한다. 사주가 신강하면 자영업을 하거나 사업하거나 프리랜서나 예체능 쪽의 일이 잘 맞다.

신강한 사주가 잘 되면 의약사, 검경, 교수, 대기업 직원, 유명한 운동선수 등 사회적 지위가 있는 일을 하지만, 인간관계에서 지는 것을 싫어하기에 인간관계를 평등하게 하지 못하고, 사람을 지배하려고만 해서 부부운(夫婦運)이나 인맥운(人脈運)이 약하다. 비견과 겁재가 많아서 사주가 신강하면 되도록 타인에 대한 이해심과 배려심을 키우고 타인과 공생하기 위해 평등한 인간관계를 실천해야 외롭지 않다. 그리고 사주에 비견과 겁재가 많으면 비겁이 재성을 극 하기에, 남자는 아내운(정재)이 약하고, 남녀 모두 아버지(편재) 운이 약하다. 사주에서 비겁이 네 개 이상이면 인간관계에서 자기 고집을 부리지 않는 게 좋다. 자기 고집을 끝까지 부리면 상대방이 힘들어하고, 결국에는 떠나게 되어 외롭게 될 수 있다.

이 사주 연주(年柱) 천간의 갑목은 월간(月干) 경금에게 베임 당하고, 지지의 인오술에게 타 버리기에 갑목이 매우 약하다. 병화에게 갑목은 편인으로 어머니인데, 어머니가 병이 들거나 요절할 수 있다. 혹은 어머니와 일찍 헤어져서 살 수 있다. 사주에 비겁이 많으면 자립해서 자수성가하기에 부모운(父母運)이 약하고, 부모가 이혼할 수 있다. 갑목은 신체적으로 간, 담, 췌장, 머리, 척추, 뼈대 등을 상징하기에 이 사주가 나이가 들면 간, 담, 췌장, 뇌, 뼈대가 병이 들 수 있으니까, 평소에 간(肝) 관리, 머리 관리, 척추를 관리해야 한다.

이 사주에 화(火) 기운이 많아서 화 기운이 상징하는 심혈관계나 뇌혈관계도 병이 올 수 있으니까, 혈압이나 당뇨가 오지 않게 평소에 물을 많이 마시고 규칙적으로 운동해서 화 기운을 가라앉혀야 한다. 사주에 비겁이 많아서 신강하면 공부 열심히 해서 전문직으로 살아야 인생이 편안하다. 사주에 비겁이 많은데, 공부하지 않아서 전문직으로 살지 못하면 직업 변동이 잦고, 자영업을 하면서 산다. 남자나 여자나 사주에 비견과 겁재가 많으면 배우자운이 약하니까 배우자에게도 잘 해야 한다. 한두 개의 비겁은 일간을 돕는 쪽으로 작용하지만, 네 개 이상의 비겁은 일간을 독불장군으로 만들어 구설수(口舌數)나 손재수(損財數)로 작용할 수 있다.

시주(時柱: 태어난 시간) 계사(癸巳)에서 계수(癸水)는 사화(巳火)의 지장간 무토와 무계합화(戊癸合火)를 해서, 화 기운으로 변해버리기에 이 사주는 화 기운이 세다. 이 사주는 대운에서 임계수(壬癸水)나 해자축신(亥子丑申) 운이 와야 좋다. 남자이면, 대운이 신미, 임신, 계유 운으로 흐르기에 어린 시절에 수 기운이 들어와 주어서 다행이다. 남자이면 학창 시절을 잘 보내서 전문직으로 취업해서 잘살 수 있다. 여자이면, 대운이 기사, 무진, 정묘로 흐르는 식상과 재성의 운이기에, 어린 시절에 발랄하고 활발하게 자라지만, 공부운(工夫運)이 약하기에 예체능 쪽으로 자기 전문 기술을 발달시키면 좋다.

2023년 계묘년(癸卯年)은 병인 일주에게 천간은 정관운(正官運)이고, 지지는 정인운(正印運)이다. 정관과 정인은 관인상생(官印相生)을 하기에 병인 일주에게 직장운, 승진운은 좋게 작용한다. 그리고 사주가 관인상생으로 화(火) 기운을 더 세게 하니까 물을 많이 마시고, 피부의 습도를 유지하며 피부 건강에도 유의해야 한다. 이 사주가 남자라면 연애운이 궁금할 텐데, 남자에게 연애운은 재성운으로 보기에, 2023년 계묘년에 연애운은 약하다. 대운이 정유(丁酉) 대운이라서 유금(酉金)이 일간 병화에게 정재로 여자운이라서 연애할 수는 있지만, 세운 계묘년과 대운 정유가 정계충(丁癸沖), 묘유충(卯酉沖)을 하기에 2023년에 연애운이 약하다.

이 사주는 화(火) 기운 비겁이 많아서 화 기운을 빼는 무기토(戊己土)나, 경신금(庚辛金), 혹은 화 기운 비겁을 제압하는 임계수(壬癸水) 운이 좋게 작용한다. 비겁이 많은데 대운이나 세운에서 병정화(丙丁火) 운이나 갑을목(甲乙木) 운이 오면 이 사주는 되는 일이 없을 수 있다. 이 사주는 검은색(임계수의 색깔)의 옷을 입는 것도 도움이 된다. 검은색은 사주에서 물을 상징한다. 심장에 화(火)가 많으니까 단전호흡이나 명상이나 천천히 걷기 운동이 도움이 된다.

04. 정묘 일주

시주	일주	월주	연주	사주
辛	丁	乙	甲	천간
亥	卯	亥	寅	지지

이 사주는 양력 1974년 11월 22일 해시(亥時) 사주이다. 여자라면 대운이 역행해서 갑술(甲戌), 계유(癸酉), 임신(壬申) 운으로 흐르고, 현재 경오(庚午) 대운에, 2023년 계묘년이 50세이다. 남자라면 대운이 순행해서 병자(丙子), 정축(丁丑), 무인(戊寅) 운으로 흐르고 현재 경진(庚辰) 대운에, 2023년 계묘년이 50세이다. 이 사주를 읽을 때는 갑인년 을해월 정묘일 신해시로 읽는다. 정화(丁火)가 해월(亥月)에 태어나서 해수의 지장간에 있는 갑목에게 힘을 받고 임수와 정임합목(丁壬合木)을 하여 자기 힘이 강하다. 일간 정화는 지지의 인해묘해(寅亥卯亥)로 꺼지지 않는 불이기에 자기 기운이 세다.

일간(나) 정화(丁火)에게 지지의 인해묘해(寅亥卯亥)나 천간의 갑을(甲乙)이 목(木) 기운 인성(印星)으로 작용한다. 이 사주는 인성이 많아서 신왕(身旺)하고 신강(身强)하다. 신왕신강은 사주에 인성과 비겁이 많은 사주로 자기 힘이 세고 자기 고집과 주체성이 강해서 웬만해서는 남에게 수그리지 않는다. 사주에 인성이 많으면 공부하는 직업을 가져야 운이 좋게 풀린다. 공부하는 직업은 교수, 선생님, 의약사, 연구원, 기획자, 설계사 등으로 자기 전문직이다. 사주에 인성이 많은데 공부하지 않고 혹은 특정 기술이나 자격증 없이 학창 시절을 보낸다면, 성인(成人)이 되어서 직업 변화가 많을 수 있다.

사주에 인성이 너무 많으면 주변에서 도와주는 사람이 많고, 자기 일을 자기가 하기보다는 어머니가 다 해주기에 의존심이 있고, 때로는 게으르고 잠이 많다. 인성은 보호자, 조력자, 인맥, 머리 좋음이지만, 인성이 네 개 이상이면, 무사태평하고 별걱정 없이 인생이 어떻게 되겠지 하며 안일할 수 있다. 사주에 인성이 네 개 이상이면 공부하는 일을 열심히 해서 자격증을 따서 전문적인 일에 종사해야 인생이 편안하다. 사주에 인성이 네 개 이상이면 인성이 식상(먹고사는 활동력)을 극(剋) 해서 일하는 것을 좋아하지 않고, 직업 없이 한량으로 살 수 있다. 인성이 많은 사주는 공부한다면서, 고시에 합격하지는 못하고, 빈둥거리면서 형제자매나 부모의 도움으로 사는 무능력자가 될 수 있다. 사주에 인성이 많으면, 반드시 공부해서 고시에 합격해서 전문직으로 살아야 먹고살 수 있다.

이 사주에서 시간(時干: 태어난 시간의 천간) 신금(辛金)은 거의 힘이 없다. 신금(辛金) 편재는 너무 많은 지지의 인해묘해(寅亥卯亥)인 나무 기운을 극(剋) 할 수 없어서 조용하게 산다. 그러다가 병화(丙火)를 만나면 병신합수(丙辛合水)가 되어 수 기운으로 변해서, 나무를 살리고, 나무가 일간 정화(丁火)를 생 하는 역할을 하기에 이 사주는 인성만 많은 사주가 된다. 사주에 이렇게 한 기운이 많으면 그 기운을 빼내는 생(生)의 운이 좋은 운이다. 그리고 그 기운을 극(剋) 하는 운도 좋은 운이다. 빼내서 생(生) 하는 운은 목생화(木生火)하면서 화생토(火生土)하는 화기운(火氣運)와 토기운(土氣運)의 운이고, 목 기운을 극(剋) 하는 금기운(金氣運)의 운이 좋다.

이 사주가 남자라면 대운이 병자(丙子), 정축(丁丑)으로 흐르는 어린 시절과 학창 시절은 자축(子丑)이라는 수(水) 기운이 있어서 나름대로 공부하면서 건강하게 자란다. 무인(戊寅), 기묘(己卯)로 흐르는 청년 시절은 다시 인성(印星) 운으로 흐르기에 만약에 공부하지 않아서 자격증 하나 없이 산다면, 직업 변동이 있고, 자기가 하는 일에서 실패할 것이다. 대운이 병자, 정축, 무인, 기묘, 경진으로 흐르는 이 사주의 남자라면 공부하기 싫어도 반드시 공부해서 연구원이나 교사나 전문직이 되어야 인생이 편안하다. 현대 사회는 공부도 돈을 버는 공부를 하기에, 돈을 벌기 위해서 공부하면, 이 사주의 인성은 돈 버는 쪽으로 좋게 쓰일 수 있다.

이 사주가 여자라면 대운이 갑술(甲戌), 계유(癸酉), 임신(壬申),

신미(辛未), 경오(庚午) 대운으로 흐르기에 어린 시절에 공부하지 않을 수도 있다. 일간 정화 입장에서 대운의 지지는 금 기운인 술유신(戌酉申) 재성(財星) 운으로 흐르고, 대운 천간이 신경(辛庚) 재성운으로 흐른다. 대운의 재성운은 공부에 특별한 목표 의식이 없다면, 공부보다는 친구들하고 노는 일을 더 좋아한다. 그래서 재성운이 10대나 20대에 들어 있으면 친구를 조심해야 하고, 일부러라도 공부하는 쪽으로 목표를 잡아야 하고, 공부를 열심히 해서, 전문 직종에서 일하면 좋다.

학창 시절에 금(金) 기운 재성이 목(木) 기운 인성을 재극인(財剋印)으로 극(剋) 한다. 재성이 인성을 극 하면 공부보다는 사회생활을 잘하는 사회성이 발달한다. 그리고 돈 버는 쪽으로 머리가 발달해서 일찍 아르바이트하면서 용돈벌이를 할 수 있다. 학창 시절에 재성(財星) 운이 오면 친구들과 재미있게 놀고, 돈 벌어서 쓰고, 활발하게 움직이는 역마살이기에 진득하게 공부하기는 힘들다. 그래도 사주에 인성이 많으면 공부해서 자격증을 따서 전문직으로 살아야 인생이 편안하다.

정묘 일주에게 2023년 세운(한 해의 운)은 계묘운이다. 일간 정화는 계수에게 수극화(水剋火)를 당하는 편관 운이지만, 이 사주는 갑을목 인성이 너무 많아서 계수 편관이 묘목을 수생목을 하는 관인상생으로 인성을 더 키운다. 이렇게 인성운이 들어오는 세운에서는 자격증 공부를 해서 자격증을 따는 게 좋다. 일지(日支)의 묘목은 2023

년에 들어온 계묘년의 지지인 묘목이 더해져서 2023년에도 인성운이 강하게 작용한다. 인성운이 작용할 때는 문서운이나 승진운이 좋지만, 너무 많은 인성은 식상을 극 하기에 직업 변동이 있을 수 있다.

이 사주는 갑을목(甲乙木) 인성이 강해서 갑을목에 해당하는 간, 담, 췌장, 머리, 척추, 관절이 나이 들면 병이 올 수 있다. 젊었을 때부터 간, 척추, 당뇨 관리를 잘해야 한다. 그리고 갑을목이 극(剋) 하는 무기토(戊己土)인 위장, 비장, 소화기계도 약해질 수 있으니까 평소에 먹는 음식을 조심해서 위장을 편안하게 관리해야 한다. 사주에 하나의 기운이 왕성하면 그 기운이 병이 나고, 그 기운이 극 하는 오행이 병이 날 수 있다.

05. 무진 일주

시주	일주	월주	연주	사주
丁	戊	辛	丁	천간
巳	辰	亥	卯	지지

　이 사주는 양력 1987년 11월 15일 사시(巳時) 사주이다. 남자라면 대운이 역행해서 경술(庚戌), 기유(己酉), 무신(戊申), 정미(丁未) 운으로 흐르고 2023년 계묘년이 37세이다. 여자라면 대운이 순행해서 임자(壬子), 계축(癸丑), 갑인(甲寅), 을묘(乙卯) 운으로 흐르고 2023년 계묘년이 37세이다. 현재 남자 대운은 정미(丁未) 운이고, 여자 대운은 갑인(甲寅) 운이다. 이 사주를 읽을 때는 정묘년 신해월 무진일 정사시로 읽는다. 2023년이 나이 37세이면 결혼운이나 직장운이나 자식운이 궁금할 것이다.

남자라면 현재 정미 대운에 계묘 세운(歲運)이다. 남자에게 결혼운은 재성이나 관성이 들어오는 운이다. 재성은 남자에게 아내이고, 관성은 남자에게 자식이다. 무토(戊土) 일간에게 재성은 토극수(土剋水) 하는 수(水) 기운이다. 그런데 대운은 정미 대운이라서 재성(財星)이 아니고 정인 운과 겁재 운이다. 남자에게 겁재 운은 재성 여자를 극(剋) 하기에 여자운이 약하다. 세운 계묘년에 계수가 수(水) 기운이지만, 무토는 계수를 보면 무계합화(戊癸合火)를 하기에 계수가 수(水) 기운으로 작용하지 못한다. 이 사주의 남자는 2023년에 연애운이나 결혼운이 약하다. 그러나 세운 계묘(癸卯)에서 묘목 정관 운이 들어오기에 직장운이나 승진운은 좋다. 무진 일주에게 계묘년의 묘목은 정관(正官) 운으로 직장에서 승진하거나 직업운으로 좋게 작용한다.

이 사주가 여자라면 현재 갑인 대운에 계묘 세운이다. 여자 무진 일주에게 갑인 대운은 편관 대운이라서 결혼운과 승진운이 있다. 여자에게 편관 운은 남편운, 결혼운, 승진운, 직업운이다. 편관은 스트레스를 버텨내는 인내심이기에, 사회적 지위가 생긴다. 편관은 관성이라서 일간을 제압하고 조정해서 일간을 상황에 맞게 사회화시킨다. 편관이나 정관이나 관성은 일간을 말 잘 듣는 사회인으로 만들어 조직 적응력을 좋게 만든다. 사주에 관성이 많은 사람은 주어진 사회질서에 적응하고 조직인으로 살아야, 먹고살기가 편할 수 있다.

주어진 조직에 적응하지 않으면 사회에서 자영업이나 프리랜서로 살게 되는데, 관성은 사회적 조직 질서에 적응하는 인내심과 참을성이다. 사주에 관성이 있어야 상하관계 갑을관계 장유유서(長幼有序) 같은 질서를 합리적으로 지킨다. 관성은 조직 적응력, 사회 적응력이다. 이 사주가 여자라면 2023년 계묘년에 묘목이 정관 운이고, 갑인 대운도 갑인(甲寅)이 일간 무토에게 편관 운이기에 결혼하지 않은 여성이면, 이 시기에 결혼운이 있고, 직장에서도 승진운이 있다. 여자 무진 일주에게 계묘년은 관인상생(사회에서 인정받고 안정적으로 산다)도 된다. 계수가 무토를 만나면 무계합화가 되어 무토 일간에게 인성으로 변한다.

이 사주에서 월간(月干) 신금(辛金)은 힘이 없다. 신금(辛金)은 신금(辛金) 옆에 연간(年干) 정화(丁火)에게 녹아버리고 월지(月支) 해수(亥水)에게도 힘을 받지 못한다. 해수 속의 임수(壬水)는 정화를 만나면 정임합목(丁壬合木)으로 되기에 신금(辛金)에게 도움이 되지 못한다. 게다가 시지(時支) 사화(巳火)의 지장간 병화를 만나면 신금(辛金)은 병신합수(丙辛合水)가 되어버리기에 이 사주에서 월간 신금(辛金) 상관은 거의 힘을 쓰지 못한다. 이 사주에서 상관이 힘이 없기에 이 사주는 사회생활을 요령껏 잘한다. 상관은 사람을 좋아하고 사람에게 잘해주는 오지랖인데, 사람에게 잘해주다가 말실수를 하게 되는 구설수이다. 이 사주에서 상관 신금(辛金)은 구설수로 작용하지 않는다.

자영업을 해서 돈을 벌려면 식상생재(食傷生財) 하는 사주가 좋다.

관인상생(官印相生) 하는 사주는 회사원이나 공무원처럼 조직에 속해서 사는 게 좋다. 물론 식상생재도 월급쟁이를 할 수 있고, 관인상생도 자영업을 할 수 있지만, 자영업을 해서 돈을 벌려면 관인상생 사주보다 식상생재 사주가 좋다. 재생관(財生官)은 자영업이든 월급쟁이든 어떤 직업이든 적응하고 돈을 번다. 재생관 사주는 일을 열심히 하고 돈을 벌어서 유명해지는 사주이다. 재생관은 극하고 극 당하는 사주라서 체력이 약하기에 늘 체력관리와 건강관리를 해야 한다. 이 사주는 지지의 묘해진(卯亥辰)이 나무 기운이고, 시주(時柱)가 정사(丁巳) 인성이기에, 목생화(木生火)하는 관인상생의 사주이다. 관인상생은 회사원이나 공무원이 좋다.

무진 일주에게 시주(時柱) 정사시(丁巳時)는 화생토(火生土) 하는 인성이다. 시주(태어난 시간)가 인성(印星)이면 말년에 먹고살 정도의 부동산이나 재산이 있다. 시주가 인성이면 인성이 어머니이기에 말년에 어머니를 모시거나 어머니와 가깝게 살 수 있다. 이 사주가 평범한 직장인으로 살면 승진할 때 승진하고, 돈을 벌어서 부동산에 투자하면, 말년이 편안할 수 있다. 이 사주는 연주(年柱)가 정인 정관으로 관인상생이 되기에 어렸을 때부터 큰 말썽 없이 모범적으로 자라고, 커서도 사회생활을 무난하게 한다.

무진 일주는 괴강살(魁剛煞)이다. 괴강살은 우두머리 기질로 지기 싫어하며, 자기 고집을 부리는 승기(勝氣)가 강하다. 그러나 신해월(辛亥月)에 태어난 무진 일주는 괴강 기질이 발휘되기 힘들다. 일간 무토가 해월(亥月)에는 12운성으로 절지(絶支)이다. 절지는 자기 기운을 죽이고, 상황에 타협하고, 사람을 배려하는 기운으로 겸손하다. 그래서 무진 괴강살이 우두머리 기질로 크게 작용하지 않는다. 괴강살이 괴강으로 작용하려면, 무진 일주 옆에 겁재나 상관이 힘이 세게 자리 잡아야 한다. 이 사주의 무진 일주 옆에 있는 월간(月干) 신금(辛金) 상관은 힘이 없는 상관이다.

 이 사주에서 신금(辛金)이 약하기에 신금(辛金)에 해당하는 폐, 대장, 호흡기계, 십이지장이 나이 들면 병이 날 수 있다. 그래서 젊었을 때부터 폐를 건강하게 하는 유산소 운동을 꾸준히 하는 게 좋다. 그리고 신금(辛金)은 흰색을 상징하기에 흰색 음식이나 흰색 옷을 입는 것도 좋다. 대장(大腸)이 약하니까 평소에 물을 많이 마시고, 육식보다는 채식 위주의 식사를 하면 좋다. 사주에서는 가장 약한 오행이 극 당하면서, 혹은 가장 강한 오행이 극 하면서 자기 기운을 상실하기에 병이 날 수 있다.

06. 기사 일주

시주	일주	월주	연주	사주
壬	己	乙	乙	천간
申	巳	酉	卯	지지

이 사주는 양력 1975년 9월 20일 신시(申時) 사주이다. 남자라면 대운이 역행해서 갑신(甲申), 계미(癸未), 임오(壬午) 운으로 흐르고, 2023년 계묘년에 49세이고, 경진(庚辰) 대운이다. 여자라면 대운이 순행해서 병술(丙戌), 정해(丁亥), 무자(戊子) 운으로 흐르고, 2023년 계묘년에 49세이고, 현재 경인(庚寅) 대운이다. 같은 사주라도 대운의 흐름이 반대라서 여자와 남자는 다른 운을 산다.

사주 구성을 보면 일간(日干: 나) 기토(己土)는 자기와 같은 오행이 없어서 외롭다. 연간(年干) 을목과 월간(月干) 을목이 기토를 목극토

(木剋土)하면서 기토를 약하게 만든다. 기토는 목극토 당하면서 기토의 영양분을 을목에게 빼앗기기에 건강이 약하다. 시간(時干) 임수도 기토가 토극수(土剋水) 해야 하기에 기토는 자기 힘이 거의 없다. 천간에서 기토를 돕는 인성(印星)이나 비겁(比劫)이 없이, 일간 기토가 혼자서 극 당하고 극 하면 건강이 약해지기에 건강관리를 잘해야 한다. 기토에 해당하는 장기(臟器)는 소화기계로 위장, 비장, 대사질환이다. 이런 장기에 병이 날 수 있으니까, 음식 섭생을 어렸을 때부터 잘해야 한다.

연지(年支) 묘목도 일간 기토를 극하고, 월지(月支) 유금과 일지(日支) 사화와 시지(時支) 신금(申金)은 일간 기토의 기운을 빼는 토생금(土生金) 식상이라서 일간 기토는 일만 열심히 하고 돈만 열심히 벌면서 산다. 이렇게 일만 하다가 아플 수 있기에 잘 먹고 잘 자고 건강관리에 유념해야 한다. 다행히 일지(日支) 사화가 화생토(火生土) 하는 정인(正印)이다. 그러나 사화는 유금을 보면 사유합금(巳酉合金)이 되고, 신금을 보면 사신합수(巳申合水)가 되는데, 이 사주에서 합으로 생기는 금 기운이나 수 기운은 식상과 재성이라서, 일간 기토는 자기 기운을 바깥으로 내보내기에 체력 관리를 잘해야 한다.

일간 기토 입장에서 일지 사화(巳火)의 지장간 무토(戊土)와 시지 신금(申金)의 지장간 무토가 기토를 겁재의 기운으로 도울 수 있다. 그래도 이 사주의 일간 기토는 재성을 극하고 관성에게 극 당하면서 살기에 체력이 약하다. 이럴 때 일간 기토는 화토(火土) 기운으로 대운이 흘러야 건강하게 산다. 남자는 대운이 갑신, 계미, 임오 운으로 흘러서 기토에게 크게 도움이 되는 건 아니지만, 지지의 신금(申金) 지장간 무토와, 미토와, 오화의 지장간 기토가 토 기운으로 도움이 된다. 어린 시절 대운이 화생토 하는 인성(印星)의 기운이 약해서 공부운이 약하고 일찍 돈벌이에 관심이 생길 수 있다.

이 사주가 여자라면 대운이 병술, 정해, 무자로 흐르기에 일간 기토 입장에서 병술(丙戌) 대운은 정인 운과 겁재 운이라서 공부운과 건강운에 도움이 되었을 것이다. 정해(丁亥) 대운에서도 편인 운과 정재 운이라서 공부 운이나 취업 운이 괜찮았을 것이다. 이 사주는 남자보다는 여자가 살기 더 편했을 것이다. 이 사주는 대운이 인성(印星)인 화기운(火氣運)이나 비겁(比劫)인 토기운(土氣運)으로 흘러야 좋다. 화(火) 기운 인성은 사주에 많은 금기운(金氣運)을 녹여서 사주를 중화하고, 관성인 목기운(木氣運)을 관인상생(官印相生)으로 빼내서 일간 기토를 도울 수 있다. 인성(印星)이 이 사주의 용신(좋은 신)이 될 수 있기에, 인성에 해당하는 공부를 열심히 하면 운이 좋게 풀리는 사주이다.

이 사주는 연주(年柱) 을묘(乙卯)와 월간(月干)의 을목이 일간 기토를 편관(偏官)으로 제압하기에 어린 시절에는 사회나 부모의 스트레스를 받는다. 편관은 스트레스를 참는 인내심이 되기에 건강이 약해진다. 어린 시절 편관 운은 어른 말 잘 듣고 자라고, 어른에게 혼나는 것을 싫어해서 부모나 사회의 눈치를 보며 산다. 어린 시절 편관 운은 모범적이고, 겁이 많고, 눈물이 많다. 어린 시절에 편관의 스트레스를 받으면, 커서 피해의식이나 강박증으로 마음이 약할 수 있으니까, 마음 관리를 잘해야 한다. 그래야 주체성도 생기고 자존감도 생긴다. 편관(군인, 검경)은 정관(행정, 질서)보다 일간을 더 세게 제압하기에, 편관은 겉으로는 용감하게 보이지만, 속으로는 불안이 많아서 공황장애나 신경쇠약에 걸릴 수 있다.

월지(태어난 달의 지지) 유금(酉金)이나 시지(태어난 시간의 지지) 신금(申金)은 기토 입장에서 식신과 상관이기에 연간(年干) 을목이나 월간(月干) 을목(乙木)을 제압할 수 있다. 그런데 월지(月支)나 일지(태어난 날의 지지)나 시지(時支)가 식상의 힘으로 발휘되려면 사춘기 이후의 일이다. 이 사주는 사춘기 이후에 식상의 힘으로 편관 을목을 조절할 수 있다. 연간이나 월간의 을목(乙木)은 일지 사화(巳火)의 지장간 경금, 시지(時支) 신금(申金)의 지장간 경금을 보면 경을합금(庚乙合金)이 되어 금기운(金氣運)으로 변한다. 을목 편관이 상관 경금에게 합이 되어 금 기운이 되면, 일간 기토는 토생금 하면서 금 기운을 생(生)하고, 그 금 기운으로 금극목하면서, 을목 편관의 스트레스를 관리할 수 있다.

기사 일주는 2023년 계묘년이 편재운과 편관운이다. 편재운은 돈을 벌어도 나가는 돈이기에 돈 관리를 잘해야 재물운이 좋아진다. 편관운은 스트레스이지만 승진운과 명예운으로 작용한다. 그러나 묘목의 지장간 갑을은 일간 기토를 보면 갑기합토(甲己合土)를 해서 토 기운으로 변하고, 을목은 사화의 지장간 경금과 경을합금(庚乙合金)을 해서 금 기운으로 변한다. 기사 일주 입장에서 계묘년의 지지인 묘목이 토 기운과 금 기운으로 변하기에 토생금 한다. 일간 기토에게 토생금은 식상의 기운이다. 식상은 일 열심히 하고 돈을 버는 무난한 기운이다.

　이 사주는 건강관리를 어렸을 때부터 꾸준히 해야 한다. 토 기운이 약하기에 토 기운에 해당하는 위장, 비장, 십이지장 같은 소화기계를 관리해야 한다. 그리고 합(合)으로 중화되는 을목이 상징하는 간, 담, 췌장도 관리해야 한다. 금 기운이 왕성할 때는 폐, 대장도 약해지기에 기본적으로 이 사주는 체력 유지를 위해 잘 먹어야 하고, 살이 적당하게 찌면 좋다. 일간 기토는 대지(大地)이기에, 사주에 을목이나 갑목이 있어야 보기 좋지만, 너무 많은 갑을목은 기토를 힘들게 하기에 적당한 금(金) 기운이 있어서, 갑을목을 조절하면, 일간 기토는 먹을 것이 많은 풍부한 대지가 된다. 이 사주는 먹을 것으로는 걱정할 게 없다.

07. 경오 일주

시주	일주	월주	연주	사주
癸	庚	乙	庚	천간
未	午	酉	辰	지지

 이 사주는 양력 2000년 9월 9일 미시(未時) 사주이다. 남자라면 대운이 순행해서 병술(丙戌), 정해(丁亥), 무자(戊子) 운으로 흐르고, 현재 무자 대운에 2023년 계묘년(癸卯年)이 24세이다. 여자라면 대운이 역행해서 갑신(甲申), 계미(癸未), 임오(壬午) 대운으로 흐르고 2023년 계묘년이 24세이고, 임오 대운이다. 대운은 10년간 사주와 관계 맺고 흐르고, 세운(歲運)은 1년간 사주와 관계 맺고 흐른다. 사주는 고정되어 있지만, 대운이나 세운에서 들어오는 오행에 의해서 변화하며 흘러간다.

이 사주의 천간에 있는 연간(年干: 태어난 해의 천간) 경금과 월간(月干: 태어난 달의 천간) 을목은 경을합금(庚乙合金)을 해서 금 기운으로 작용한다. 월지(月支: 태어난 달의 지지) 유금이 연간 경금에게 힘을 실어주기에 월간 을목은 힘이 없다. 월간 을목은 경금 일간에게 정재(正財)인데, 정재는 부지런히 일하는 성실함이고, 재물복이고, 남자에게는 아내이다. 일간 경금에게 을목 정재는 경을합금(庚乙合金)으로 사라지기에, 남자라면 아내복이 약하지만, 재물복은 있다. 재성이 합으로 사라지는 의미는 돈을 적금이나 예금으로 잘 숨겨서 부자가 된다는 의미이다. 재성은 합으로 숨겨지거나 지장간에 숨어 있어야 돈이 된다.

이 사주는 연간(年干) 경금과 월간(月干) 을목이 경을합금을 하고, 연지(年支) 진토와 월지(月支) 유금이 진유합금(辰酉合金)을 하기에 사회생활이나 가정환경이나 어린 시절이나 학창 시절에 비견과 겁재인 금 기운의 작용이 많다. 비견과 겁재는 자기 기운이 많기에 고집이 세고, 남에게 지기 싫어하고, 남을 지배하려는 독불장군의 기질이다. 연주(年柱: 태어난 해)와 월주(月柱: 태어난 달)는 일간이 처한 사회적 가정적 환경이고 어린 시절이며 학창 시절이다. 연주와 월주가 금 기운(金氣運)이기에 경금 일간은 비견과 겁재의 기운이 강한 어린 시절과 학창 시절을 보낸다. 자랄 때 비견과 겁재의 기운이 많으면 부모님이나 어른 말을 잘 듣지 않지만, 신체가 건강하고, 아파도 금세 낫는다. 어린 시절에 비겁의 기운이 많으면 아무리 움직여도 에너지가 줄지 않기에 운동선수를 해도 좋다.

연주(태어난 해)와 월주(태어난 달)가 비겁이면 자수성가하는 기운이 강해서 부모로부터 받는 재산이 없을 수 있다. 그리고 비겁은 편재(아버지)를 극 하기에 아버지 운이 약하고, 홀로 자립하는 기운이 강하다. 사주에 비겁이 많으면 부모가 이혼할 수 있기에, 편부나 편모에게 자랄 가능성이 있다. 연주나 월주가 비겁이면 자기 인생을 자기 홀로 살아내는 강인함이기에 자기 책임성이 강해서 누구에게 기대지 않고, 자기 의지력으로 살아간다. 그리고 연주와 월주가 비겁이면 돈을 벌어도 혈육에게 쓰며, 가족애가 강하다. 비겁은 자기 주변의 사람들과 나누는 삶을 좋아하지만, 형제자매나 친구나 지인과 돈 문제가 얽히면 배반하거나 배반도 당하는 편이다. 비겁은 자기 마음을 아프게 하는 사람도 주변에 있고, 자기가 타인의 마음을 아프게도 하기에 인간관계에서 항상 조심해야 한다.

일주(日柱: 태어난 날)와 시주(時柱: 태어난 시간)는 일간(나) 경금이 지배할 수 있다. 일주는 일간의 태생적 공간이며, 시주는 일간이 나아가는 방향이며 일간의 자식운을 보는 공간이다. 결혼했으면 일주는 일간에게 부부의 공간이고, 시주는 자식의 공간이다. 결혼하지 않았으면, 일주는 일간의 현재 공간이고, 시주는 일간의 미래 공간이다. 대운이나 세운도 연주, 월주, 일주, 시주에 따라 각각 다르게 해석되니까, 대운과 사주를 해석할 때도 각각의 주(柱)에 어떻게 적용되는지 살펴서 해석해야 한다.

예를 들어 남자라면 현재 무자(戊子) 대운에 계묘(癸卯) 세운이다.

이 사주는 경진년, 을유월, 경오일, 계미시에 태어났다. 무자 대운 두 글자는 연주 경진년과 천간으로 토생금(土生金)하고, 지지로 자진합수(子辰合水)를 하기에 경오 일주는 무자 대운에 사회생활을 무난하게 한다. 연주는 사회생활 공간을 상징한다. 사주를 해석할 때 연주는 일간이 처한 사회적 환경이고, 월주는 부모운의 공간이며 일간이 처한 직업운의 공간이고, 일주는 일간(나)의 성격과 건강과 배우자운의 공간이고, 시주는 자식운이나 미래의 공간이다.

무자 대운 두 글자가 월주(月柱) 을유(乙酉)와는 천간으로 목극토(木剋土)하고, 지지로는 자유파(子酉破)를 한다. 대운 두 글자가 월주와 극(剋)하고 파(破)하면 부모운이나 직업운에서 변화 변동이 있다. 무자 대운 두 글자는 일간 경금에게는 편인과 상관이다. 일간(나) 경금은 편인으로 보호받고, 상관으로 자기 재능을 내보인다. 그러면 새로운 공부도 하면서 자기가 하고 싶은 일을 한다. 편인이 일간 경금을 생하고, 일간 경금이 상관으로 자기 재능을 바깥으로 내보일 수 있다. 편인은 공부 실력이고, 상관은 자기 재능을 펼치는 운이다. 그러나 상관운에서는 말조심을 해야 한다. 말조심하지 않으면 구설수로 시달린다. 편인은 부동산이나 자격증 같은 문서운이기에 무자 대운에 문서운으로 변동이 생긴다. 이렇게 대운 두 글자를 각각의 주(柱)에 대입해서 연주, 월주, 일주, 시주 따로따로 사주를 해석해야 한다.

무자 대운 두 글자가 경오(庚午) 일주(日柱)와 만나면 천간으로 토생금(土生金)하는 편인 운이고, 지지로는 자오충(子午沖) 하는 운이다. 천간은 토생금으로 도움을 받기에 편인이 상징하는 문서운이나 승진운이 좋게 작용한다. 그런데 편인은 식상을 극 하기에 직업 변동이나 일의 변화가 있을 수 있다. 여자라면 식상이 자식이기에, 편인으로 자식을 제압하거나 자식을 억누를 수 있기에 자식과 갈등이 생길 수 있다. 자식은 자기 몫의 사주가 따로 있으니까, 여자라면 편인운이 들어올 때 자식을 있는 그대로 이해하고 지켜보는 게 좋다.

무자 대운 두 글자가 경오 일주와는 지지로 자오충(子午沖)을 하기에 운전, 건강, 말, 행동을 조심해야 한다. 자수(子水)에 해당하는 신장, 방광, 생식기계와 오화(午火)에 해당하는 심장, 소장, 심혈관계를 관리해야 아프지 않게 지나간다. 충(沖) 하는 운이 오면 질서를 잘 지키고, 마음을 순하게 먹고, 큰 욕심을 내지 말고 적정선에서 자기 욕망을 조절해야 한다. 그리고 운동하면서 몸을 건강하게 만들어야 운이 좋게 흐른다.

08. 신미 일주

시주	일주	월주	연주	사주
辛	辛	庚	壬	천간
卯	未	戌	戌	지지

이 사주는 양력 1982년 10월 15일 묘시(卯時) 사주이다. 남자라면 대운이 순행해서 신해(辛亥), 임자(壬子), 계축(癸丑) 운으로 흐르고, 2023년 계묘년(癸卯年)에 42세이고, 대운은 갑인(甲寅) 대운이다. 여자라면 대운이 역행해서 기유(己酉), 무신(戊申), 정미(丁未) 운으로 흐르고 2023년 계묘년에 42세이고, 대운은 을사(乙巳) 대운이다.

신미(辛未) 일주가 경술월(庚戌月)에 태어나서 금기운(金氣運)이 많아서 사주가 비겁(比劫)이 강하다. 비견과 겁재가 강하면 신강(身强) 사주인데, 사주가 강하면 고집이 세고, 일을 밀고 나가는 추진력이 좋고, 건강하고, 웬만해서는 절망하지 않고, 다시 일어서는 오뚝이 기질이 있다. 비견과 겁재가 많으면 운동선수나 학자나 검경(檢警)이나 의약사(醫藥士)나 교수 같은 권력직(權力職)이 좋다. 비겁이 많으면 남의 지시나 명령을 받는 것을 싫어한다.

사주에 비겁이 많으면 어린 시절부터 한 가지 분야만 열심히 파고, 전문가가 되기 위해 노력하는 게 좋다. 사주에 비겁이 많은데, 어린 시절에 공부하지 않고, 친구들과 놀기만 했다면, 커서 몇 번의 직업 변동을 겪게 된다. 비겁은 자기 위주로 살며 남의 충고나 지적을 싫어한다. 비겁은 자기 생각이나 느낌 대로 살다가 낭패를 볼 수 있기에, 사주에 비겁이 많으면 공부하고 전문 기술자가 되어야 삶이 편안해진다.

비겁은 일간과 같은 오행이기에 살면서 주변에 사람이 많다. 비겁은 사람들과 함께 놀며 인간관계를 즐기느라고 공부를 게을리할 수 있기에, 사주에 비겁이 많으면 사람을 잘 만나야 한다. 사주에 비겁이 많아서 주변에 사람이 많으면 사기꾼이나 범법자를 만날 수 있기에, 항상 사람을 조심해야 한다. 친구 따라 강남 간다고, 사주에 비겁이 많으면 친구를 잘 사귀어야 세상을 힘들지 않게 산다.

사주에 비겁이 많으면 비겁이 편재(아버지)를 극 하기에 아버지 운이 약하고 아버지의 경제적 도움을 받지 못해서 자수성가하는 편이다. 그리고 남자는 비겁이 정재(아내)를 극 하기에 아내복이 약하고, 결혼해도 이혼해서, 혼자 살 수 있다. 여자도 비겁이 많으면, 관성(남편)이 제압해도 제압당하지 않고 관성과 부딪치기에 관성(남편)이 힘에 부쳐서 여자를 떠날 수 있기에, 여자도 사주에 비겁이 많으면 이혼수가 있다. 비겁은 자기 자존심이나 자존감이 높아서 홀로 살 수 있지만, 사람은 사람들과 함께 살면서 인생의 의미를 느끼는 존재이므로 인간관계에서 지배하려고만 하지 말고, 협력하고 이해하는 삶을 살아야 비겁이 외롭지 않게 살 수 있다.

 일간(日干: 나) 신금(辛金)은 월간(月干)도 경금(庚金), 시간(時干)도 신금(辛金)이고, 연지(年支)와 월지(月支)도 술토(戌土)이기에 거의 금기운(金氣運)으로 사주가 구성되어 있다. 그래서 운에서 들어오는 기운은 금기운(金氣運)을 빼낼 식상(食傷)의 기운인 임계수(壬癸水) 수기운(水氣運)이나, 금기운을 제압할 관성(官星)인 병정화(丙丁火) 화기운(火氣運)이 들어와야 사주가 중화된다. 사주는 음양오행이 골고루 있어서 서로 중화되어야 좋다. 사주가 한 기운으로만 치우쳐 있으면 사회생활이나 인간관계에서 갈등이 많다.

 이 사주가 남자라면 대운이 신해, 임자, 계축으로 흐르기에 신금(辛金)이 식상 수(水) 기운의 운으로 흘러서 어린 시절이 편안한 편이다. 비겁이 많은 사주가 식상 운이 오면 열심히 노력하고 자기 재능과 기술을 발달시켜서 전문가가 될 수 있다. 현대 사회에서 경제적으로 살아남으려면 자기 기술이나 전문성을 가져야 먹고 산다. 산다는 건 먹고 사는 일이 중요하기에 비겁이 강해서 식상 운으로 흐르면 비겁의 건강함과 추진력과 인맥으로 자기가 하고 싶은 일(식상)에서 어느 정도 성공할 수 있다.

이 사주가 여자라면 대운이 기유, 무신, 정미 운으로 흐르기에, 10대나 20대인 기유나 무신 대운에서 공부하지 않을 수 있다. 기유나 무신 대운은 신금(辛金)에게 인성(印星)과 비겁(比劫) 대운이라서 자기 기운만 더 커져서 고집부리고, 자기 마음대로 공부하고 싶으면 공부하고, 공부하기 싫으면 공부하지 않아서, 성인(成人)이 되었을 때 자기 전문성이 없어서 직업이 불안정할 수 있다. 사주에 비겁이 많은데, 운에서도 비겁을 돕는 인성운이나 비겁운이 들어오면, 정신 바짝 차리고 열심히 공부해서 자기 전문성을 획득해야 사회에 나와서 자기 직업을 갖고 살 수 있다. 다행히 토생금 하는 인성운인 기토, 무토, 미토가 있어서 공부하면 성적이 잘 나올 수 있다.

사주에 비겁이 많으면 재물복이 약하다. 비겁은 식상을 생하고 재성을 극(剋) 해서 재성인 재물운을 흩어지게 한다. 비겁이 많은데, 운이 식상으로 흘러서 식상이 재성을 식상생재(食傷生財) 하면 좋은데, 식상 없이 재성 운이 오면 일만 열심히 하고, 벌어들인 수입이 적을 수 있다. 사주에 비겁이 많으면 알뜰하게 저축하고 부동산에 투자해서 묶어 놓으면, 나중에 경제적으로 편안할 수 있다. 비겁이 많으면, 일간(나)이 돈을 벌어도 혈육이나 지인에게 돈을 다 쓰기에 돈 관리를 잘해야 한다.

이 사주에서 가장 약한 기운은 금기운(金氣運)에게 극(剋) 당하는 목기운(木氣運)이다. 시지(時支) 묘목(卯木)은 거의 힘이 없다. 묘목은 이 사주의 재물(財物)인데, 재물 하나를 가지고 여러 비겁이 서로 갖겠다고 싸우는 형국이다. 그래서 이 사주 당사자는 돈 관리를 잘해야 나중에 돈으로 고생하지 않는다. 재성(財星)은 남자에게는 아내이기에, 이 사주의 남자는 아내 운이 약하다. 아내 운이 약하면 사별이나 이별을 하게 되어 아내 없이 살 수 있다.

이 사주에서 약한 기운은 묘목인데, 묘목에 해당하는 간, 담, 췌장, 머리, 사지(四肢), 뼈, 근육, 관절이 약하다. 이 사주의 당사자는 평소에 간 관리를 잘해야 하고, 당뇨가 오지 않게 조심해야 한다. 사지와 뼈가 약하기에 평소에 근육 운동으로 몸을 건강하게 만들면 좋다. 그리고 금기운이 너무 많기에 금기운에 해당하는 폐, 대장, 척추도 관리해야 한다. 이 사주는 자기 고집을 내려놓고, 사회가 원하는 대로 공부 열심히 해서 전문가의 삶을 살아야 편안하고, 평소에 건강관리를 습관적으로 해야 한다.

09. 임신 일주

시주	일주	월주	연주	사주
乙	壬	丁	己	천간
巳	申	卯	巳	지지

　이 사주는 양력 1989년 3월 13일 사시(巳時) 사주이다. 남자라면 대운이 역행해서 병인(丙寅), 을축(乙丑), 갑자(甲子) 운으로 흐르고, 2023년 계묘년은 35세, 계해(癸亥) 대운이다. 여자라면 대운이 순행해서 무진(戊辰), 기사(己巳), 경오(庚午) 운으로 흐르고, 2023년 계묘년이 35세, 경오(庚午) 대운이다. 남자는 연간(年干: 태어난 해의 천간)이 양간(陽干)이면 대운이 순행하고, 여자는 연간이 음간(陰干)이면 대운이 순행한다. 대운은 10년간 작용하고, 세운(歲運)은 1년간 작용한다. 사주는 당사자가 가지고 태어난 유전자 요인이고, 대운이나 세운은 바깥 상황으로 사주에게 영향을 끼치는 환경적 상황적 요인이다.

이 사주 임신(壬申) 일주가 정묘(丁卯) 월에 태어나서 정재와 상관의 기질이 있다. 정재(正財)는 부지런히 일해서 돈을 버는 성실함이고, 상관(傷官)은 자기 재능과 기술로 먹고사는 생활력이다. 상관은 관성(官星)을 극 하는 구설수와 관재수이지만, 상관 가까이 재성(財星)이 있으면 상관은 상관생재(傷官生財)를 해서 돈을 버는 쪽으로 운이 흐르기에 구설수나 관재수의 작용이 약하다. 사주의 움직임은 생합(生合)을 극충(剋沖)보다 먼저 한다. 이 사주의 정재 정화는 일간 임수와 정임합목(丁壬合木)을 하는 기운도 있기에 이 사주는 상관생재의 기운이 있다. 상관생재는 자기 기술이나 재능으로 돈을 버는 능력이다.

2023년 계묘년이 35세이기에 결혼운, 연애운, 재물운이 궁금할 것이다. 이 사주가 남자라면, 2023년 계묘년이 임신 일주에게 겁재운과 상관운이다. 겁재운은 재성(財星)을 극(剋) 하기에 남자라면 연애운과 결혼운이 약하다. 재성은 남자에게 여자이다. 겁재가 재성 여자를 극 하기에 사귀던 여자가 있다면, 2023년 계묘년에 이별한다. 그리고 상관운이 작용하는데, 상관은 관성(기존 질서)에 저항하기에 말조심과 행동 조심을 해야 한다. 임신 일주의 지지인 신금(申金)은 계묘년의 지지인 묘목(卯木)과 신묘 원진과 귀문관살을 짠다. 원진은 미움과 좋음이 함께 있는 이중 감정이고, 귀문은 우울과 불안 같은 신경증이다. 그래서 임신 일주는 2023년 계묘년에 마음 관리를 잘해야 한다.

임신 일주에게 2023년 계묘년 세운은 겁재운이기에 돈 관리를 잘해야 한다. 남자라면 30대 대운이 계해(癸亥) 대운이기에 겁재와 비견의 기운이 강하게 작용한다. 세운(歲運)에서 겁재와 비견의 기운이 강하게 작용하면, 비겁이 재성을 극 하기에 남자라면 여자운이 약하고, 돈을 벌어도 나가야 할 돈이고, 대출하거나 빚을 질 수 있기에 돈 관리를 잘해야 하고, 새로운 투자 같은 일은 조심해야 한다. 비겁은 재성을 극 하는데, 남녀 모두에게 편재가 아버지이다. 비겁의 기운이 강하게 들어오는 운에서는 아버지에게 문제가 생긴다. 아버지가 아프거나 입원하거나 임종할 수 있고, 아버지가 하는 일이 잘 안 될 수 있다. 이런 운에서는 아버지의 건강을 챙기는 게 좋다.

이 사주가 여자라면 2023년 계묘년 세운에 겁재와 상관이기에, 여자도 연애운이나 결혼운이나 부부운이 약해진다. 겁재는 자기 힘을 바깥으로 내보내며 사람을 통제하는 힘이고, 상관은 관성(여자에게 남편이나 남자)을 극 하기에 연애운, 결혼운, 부부운이 약해진다. 세운(한 해의 운)이 겁재나 상관이면 함부로 말하지 말고, 말조심하고, 대출도 하지 말고, 절약하고 저축하며 일만 열심히 하면서 사는 게 좋다. 겁재 운에 주식이나 가상화폐에 투자하면 손해 본다.

이 사주가 여자라면 30대 대운이 경오 대운이다. 경오(庚午) 대운은 임신 일주에게 편인과 정재 대운이다. 편인은 일간(나)에게 힘을 실어주고, 일간에게 문서운, 승진운, 명예운으로 작용한다. 경오 대운에 이 사주 여자는 회사에서 인정받고, 자기가 하는 일에서 능력을 발휘할 수 있다. 경오 대운 지지의 오화는 임신 일주에게 정재가 되기에 돈을 모으는 일도 순조롭게 진행될 수 있다. 경오 대운 오화(午火)의 지장간 정화(丁火)는 임신 일주 지지의 신금(申金) 지장간 임수(壬水)와 정임합목(丁壬合木)도 되고, 지장간끼리 경병충(庚丙沖)도 되지만, 무기토 관성이 남아 있어서 임신 일주를 관리하기에 경오 대운이 이 사주 여자 임신 일주에게 긍정적으로 작용한다.

이 사주가 여자라면 관성(여자에게 남편) 운은 약하다. 여자에게 남편 관성은 천간에 힘 있게 떠 있어야 좋다. 힘 있게 떠 있다는 의미는 임수(壬水) 입장에서 무기토(戊己土) 관성이 천간에 있고, 무기토를 밀어주는 오행(진미술축)이 지지에 있어야 한다는 의미이다. 이 사주의 지지를 보면 사묘신사(巳卯申巳)이다. 연지(年支) 사화(巳火)는 연간(年干) 기토(己土) 정관(임수에게 기토는 정관임)을 밀어주지만, 기토가 일간(나)에게서 멀리 있어서, 남편으로 작용하기보다는 직장운으로 작용한다고 해석할 수 있다. 이 사주 여자는 직업 생활 잘하면서 자기 밥벌이는 충분히 한다. 남편이 벌어온 돈으로 살기보다는 자기 능력으로 일해서 돈 벌면서 잘살 수 있다.

이 사주의 격(格)은 상관격이다. 격(格)은 사주 당사자의 기본 성향인데, 월지(月支)로 정한다. 일간 임수에게 월지 묘목이 상관이고, 묘목의 지장간 을목이 시간(時干)에 떠 있기에, 상관격이다. 상관격은 용신(사주를 좋게 만드는 신)이 상관을 극 하는 인성이다. 인성이 상관을 극 하면, 상관은 창조적인 지식인이 되어 교수, 선생님, 연구원 쪽에서 공부하는 일을 잘할 수 있다. 상관에게 두 번째로 좋은 용신은 재성이다. 상관은 재성을 보면 돈 욕심이 생겨서 돈 버는 쪽으로 부지런히 일해서 상관생재하면 돈을 벌 수 있다. 상관생재 사주는 돈 관리만 잘하면 일을 열심히 하기에 돈을 벌 수 있다. 상관생재는 영업 서비스직이나 대기업의 기획실, 영업부에서 자기 능력을 발휘할 수 있다.

사주 해석이 다 맞는 것은 아니지만, 사주 이론으로만 본다면, 이 사주는 남녀 모두 자기 밥벌이는 충분히 하면서 살 수 있다. 비견운과 겁재운에서 돈 관리만 잘하면 인생 무난하게 살 수 있다. 일간 임수의 기운이 약하기에 임수에 해당하는 신장, 방광, 비뇨 생식기계 건강에 유의하고, 하체 근육 운동을 하면 좋다.

10. 계유 일주

시주	일주	월주	연주	사주
甲	癸	丁	丙	천간
寅	酉	酉	辰	지지

이 사주는 양력 1976년 9월 18일 인시(寅時) 사주이다. 남자라면 대운이 순행해서 무술(戊戌), 기해(己亥), 경자(庚子) 운으로 흐르고, 2023년 계묘년(癸卯年)이 48세, 임인(壬寅) 대운이다. 여자라면 대운이 역행해서 병신(丙申), 을미(乙未), 갑오(甲午) 운으로 흐르고, 2023년 계묘년이 48세, 임진(壬辰) 대운이다. 연주(年柱)는 태어난 해이고, 월주(月柱)는 태어난 달이고, 일주(日柱)는 태어난 날이고, 시주(時柱)는 태어난 시간이다. 일간(태어난 날의 천간으로 '나') 기준으로 연주와 월주와 일지와 시주가 상대적으로 해석되는 게 사주 해석이다.

일간 계수 입장에서 연간 병화와 월간 정화는 정재와 편재이다. 재성(財星)이 천간에 떠 있기에 돈 씀씀이가 있다. 재성이 천간에 떠 있으면 소비가 많은 편이고, 겉으로 볼 때는 돈이 있어 보이지만, 실질적인 재산이나 재물은 없는 편이다. 재성이 천간에 떠 있으면 절약하고 저축하며 살아야 나중에 돈으로 걱정하지 않는다. 일간 계수(癸水)는 연간과 월간의 재성을 극 하느라고 힘이 없다. 일간이 재성을 극 한다는 의미는 오지랖이고, 사람에게 잘해주고, 활동력이 많고, 바깥 활동을 활발하게 하면서 친구들과 즐겁게 놀기에, 집안에서 가만히 있지 못한다. 재성은 활발하게 움직임이 많은 역마살이기도 하다.

계유 일주가 정유 월주로 태어났기에 주어진 가정환경은 편재와 편인의 환경이다. 편재(偏財)는 활동적이며 부지런히 움직이는 기운이다. 편인(偏印)은 공부로 자기 실력을 키우지만, 세상을 믿지 않고, 사람을 따지면서 사귄다. 월간(月干) 정화 편재가 월지(月支) 유금 편인을 화극금(火剋金)으로 극 하기에 이 사주의 편인은 재성의 극을 받는다. 편인이 편재에게 극을 받으면 현실적이고 실리적인 공부를 한다. 편인은 돈을 벌기 위해 공부하고, 인간관계도 이해타산적으로 한다. 편인은 돈이 되는 일과 서로에게 이익이 되는 인간관계를 맺고 살기에 자기 먹을거리는 지혜롭게 해결한다. 편재가 극 하는 편인은 공부도 실제적인 공부를 하는 편이기에, 이과(理科) 공부나 공과(工科) 공부가 좋다.

이 사주에서 일간 계수는 월지와 일지가 유금으로 있어서 금생수

(金生水) 하는 생을 받지만, 음지(陰支) 유금(酉金)이 음간(陰干) 계수(癸水)를 생 하기에 소극적이다. 사주는 음양(陰陽)의 생을 더 좋아하고, 양양(陽陽), 음음(陰陰)의 생은 적극적으로 생 하지 않는다. 음(陰)이 음(陰)을 생 하면 생의 기운이 약하다. 그래도 계수 입장에서 연지(年支: 태어난 해의 지지)와 월지(月支: 태어난 달의 지지)가 진유합금(辰酉合金) 하도, 일지(日支: 태어난 날의 지지)도 유금이라서 편인의 기운이 강한 편이다. 편인은 실리적인 공부이기에 마음만 먹고 공부한다면, 자격증을 따서 전문적인 직업인으로 살 수 있다. 여자 사주가 편인이 강하면 편인이 식상을 극 하기에 자식을 낳지 않거나, 자식의 수가 적다. 여자에게 식상은 자식이다.

이 사주가 남자라면 2023년 계묘년이 48세로 대운이 임인(壬寅) 대운이다. 계유 일주에게 임인 대운은 겁재와 상관 대운이다. 겁재는 돈으로 손해 볼 수 있기에 돈 관리를 잘해야 한다. 겁재운에서는 주식이나 가상화폐나 기획 부동산에 투자할 때 조심해야 하고, 사업 확장을 위해 사무실을 늘린다거나 직원을 더 쓴다거나 하는 일을 신중해야 한다. 상관운은 관성을 극 하기에 구설수나 관재수가 있을 수 있으니까 말조심하고 소송당하지 않게 행동을 올바르게 하는 게 좋다. 남자 겁재 대운은 여자 재성을 극 하니까 이혼수나 사별수나 이별수로 작용하므로, 결혼한 남자는 아내를 세심하게 배려해 주어야 이별수가 없어진다. 대운 지지의 인목(寅木)은 계유 일주 지지인 유금(酉金)과 인유원진(寅酉元嗔)을 짜기에 미운 사람하고도 살아야 하는 마음의 고통이 있다. 원진은 미워도 어쩔 수 없이 사랑하며 같이 살아야 하는 인간관계이다.

　여자라면 2023년 계묘년이 48세에 임진(壬辰) 대운이다. 계유 일주에게 임진 대운은 겁재와 정관 대운이다. 겁재운에서는 돈 조심해야 한다. 겁재운에서는 자기도 모르게 돈이 빠져나가니까, 돈을 부동산에 묶어 놓고, 부동산이 오르기만 기다리는 게 좋다. 정관 대운에서는 승진운, 명예운, 직장 안정운이 좋아진다. 임진 대운의 지지인 진토(辰土)는 계유 일주 지지인 유금(酉金)과 진유합금(辰酉合金)을 해서 금기운(金氣運)으로 작용하고, 금기운은 금생수(金生水) 하면서 일간 계수(癸水)를 생 하기에, 임진 대운에 돈 관리만 잘하면 무탈하게 살 수 있다.

　이 사주는 월지(月支) 유금이 일간(日干) 계수에게 편인이라서 편인격이다. 편인격의 용신은 관성이 있어서 관인상생하는 게 제일 좋다. 관인상생은 주어진 조직이나 단체에서 일하면서 안정적으로 경제활동을 하면서 산다. 편인격의 두 번째 용신은 재성이다. 편인은 식신(먹을 복)을 극 하기에, 재성이 편인을 극하고 식신을 보호하면서, 편인의 게으름을 부지런함으로 바꿀 수 있다. 편인도 인성(印星)이라서 어머니가 먹여주겠지 하는 무사태평한 기질이기에, 아침에 회사에 출근하는 게 힘들 수 있다. 그런데 재성(돈)이 편인(나태함)을 극(剋) 하면, 편인이 돈 욕심이 생겨서 부지런히 일하는 꾀돌이가 될 수 있다. 편인은 관인상생으로 비겁을 돕고, 재성에게 재극인 당해서 비겁을 돕는 게 제일 좋다.

이 사주의 시주(時柱: 태어난 시간의 천간과 지지) 갑인시(甲寅時)가 일간 계수에게 상관이다. 상관은 관성에 대항해서 구설수와 관재수를 일으킨다. 관성은 직업인데, 사주에 상관 기운이 강하면 직업 변화가 몇 번 있다. 상관은 한 직장에서 오래 종사하지 못하고, 자영업을 하거나 서비스 판매직을 한다. 상관이 잘 풀리면 선생님, 교수, 연예인, 예술가, 디자이너, PD 업계에서 실력을 발휘할 수 있다. 상관은 창의성인데, 정인과 편인이 제압하는 상관은 사회적으로 용인되는 창의성으로 돈을 벌 수 있다. 상관이 공부(인성)하지 않고, 자기 마음대로 행동하면, 범법자나 반항자가 될 수 있다. 그런데 이 사주는 편인격이라서 시주(時柱)의 상관이 편인에게 극 당해서, 객관적 사회적 창의성으로 잘 발휘될 수 있다.

part 2

여름

갑을목은 크게 성장하고
병정화는 열정으로 생명체를 익히고
무기토는 먹을거리를 생산하고
경신금은 무르익는 열매로 변하고
임계수는 공기 중의 습도로 존재한다

11. 갑술 일주

시주	일주	월주	연주	사주
庚	甲	戊	癸	천간
午	戌	午	酉	지지

 이 사주는 양력 1993년 6월 22일 오시(午時) 사주이다. 남자라면 대운이 역행해서 정사(丁巳), 병진(丙辰), 을묘(乙卯) 대운으로 흐르고, 2023년 계묘년 31세, 을묘(乙卯) 대운이다. 여자라면 대운이 순행해서 기미(己未), 경신(庚申), 신유(辛酉) 대운으로 흐르고, 2023년 계묘년 31세, 신유(辛酉) 대운이다. 대운은 10년간 작용하고, 세운(歲運)은 1년간 작용한다. 이 사주 구성을 보면 일간(나) 갑목을 도와주는 목기운(木氣運)이 사주에 없다. 자기 기운인 비견과 겁재가 없기에 이 사주는 체력이 약하고, 피로감을 빨리 느낀다. 사주는 일간과 같은 오행인 비견과 겁재가 지지에 하나쯤 있어야 체력도 건강하고,

자기 편이 되어주는 사람도 옆에 있게 된다.

연주(태어난 해)의 계유(癸酉)는 일간 갑목에게 정인과 정관이다. 연주는 어린 시절 부모 밑에서 자라는 시기이기에 연주가 정인과 정관이면 어른 말 잘 듣고 순하게 모범생으로 자란다. 월주(태어난 달) 무오(戊午)는 편재와 상관이다. 월주는 자기 정체성을 형성하는 사춘기 이후의 시공간이다. 월주 편재는 친구들과 잘 놀고, 친구 위주의 삶을 살고, 집안보다는 집밖에서 활동한다. 상관은 제 마음대로 사는 기질로 어른에게 반항하고, 불합리한 일을 비판하면서 자기 생각과 느낌을 솔직하게 말해서, 구설수나 관재수가 있다. 월주가 상관생재(傷官生財)이면 돈 버는 일에 관심이 많고, 일찍 돈을 벌려고 한다.

연간(태어난 해의 천간) 계수와 월간(태어난 달의 천간) 무토는 무계합화(戊癸合火)가 되어 화기운(火氣運)으로 작용한다. 월지(태어난 달의 지지) 오화가 화기운(火氣運)으로 무계합화를 밀어주기에 일간 갑목 입장에서 목생화(木生火)하는 상관 기운이 강하다. 상관은 일간의 기운을 빼내서 사람에게 잘하고, 솔직하게 말하고, 자기 재능과 기술을 발달시킨다. 연주와 월주가 상관이면 사춘기 때부터 기존 질서에 반항하고, 자기식대로 상황에 적응하기에 사회성이 부족하다. 사춘기 때 상관은 주관성이 강하기에 창의적이고 창조적인 쪽으로 공부하면 성과를 낼 수 있다. 월지(月支) 오화와 일지(日支) 술토가 만나면 오술합화(午戌合火)가 되고, 시지(時支)도 오화라서, 이 사주는 일간 갑목이 화 기운을 목생화(木生火) 하는 상관격 사주이다.

상관격의 용신(사주를 좋게 만드는 신)은 정인(正印)이다. 정인(객관적 이성)이 상관(주관적 감성)을 극 하면, 상관은 사회적 똑똑이가 되어, 사회생활을 할 때 객관적 이성과 주관적 감성을 골고루 사용할 수 있는 상황에 잘 적응하는 적응자가 된다. 이 사주에서 일간 갑목에게 연간(年干) 계수 정인이 있다. 이 사주에서 연간 계수 정인이 연지(年支) 유금 정관에게 관인상생으로 도움을 받기는 하지만, 이 사주의 정인 계수는 월간(月干) 무토와 무계합화가 되기에, 정인의 기능이 약하다. 그래도, 연간에 계수 정인은 나름대로 자기 역할을 하기에, 강한 상관의 기운을 객관적으로 조절하려고 한다. 이 사주에서 정인 계수를 도와주는 임계수(壬癸水) 운이나, 신해자축(申亥子丑) 운이 오면 이 사주는 좋은 쪽으로 잘 풀린다.

이 사주의 연지(태어난 해의 지지) 유금은 월지(태어난 달의 지지) 오화에 녹고, 시간(태어난 해의 천간) 경금은 시지(태어난 해의 지지) 오화에 녹는다. 이 사주에서 유금 정관이나 경금 편관은 지지의 오화 상관으로 녹아버리기에 관성 역할을 조금밖에 하지 못한다. 이 사주는 상관이 많은 사주이다. 상관이 많으면 자존심이 강하고 비판적이기에, 어린 시절부터 공부 열심히 해서 전문가로 살아야 어른이 되어서 인생이 편안하다. 상관은 관성(직업)을 극 하기에 한 직업에서 오래 일하지 못한다. 그리고 여자라면 상관이 관성(남편)을 극 하기에, 남편복이 약하거나 이별하거나 사별할 수 있다. 남자라면 관성이 자식이기에 자식에게 엄격한 아버지가 되어, 자식과 사이가 가깝지 않을 수 있다.

남자라면 2023년 계묘년이 31세에 을묘 대운이다. 이 사주는 일간 갑목을 돕는 오행이 없기에 을묘 대운이 좋게 작용한다. 허약한 일간 갑목을 을묘 대운이 도울 수 있다. 30대에 일간 갑목을 돕는 을묘 대운은 건강하게 자신감을 가지고 일하게 하고, 상관의 창의성을 잘 사용하여 연구 업적도 낼 수 있다. 자영업을 한다면 나름의 성과도 있다. 여자라면 2023년 계묘년이 31세이며 신유(辛酉) 대운이다. 이 사주의 일간 갑목은 자기 편이 되어줄 비견과 겁재가 없는데, 대운에서도 신유 대운으로 정관 대운이 들어온다. 여자는 정관 대운에 직업 안정운과 연애운이나 결혼운이 있다. 그러나 사주에 일간 갑목을 도울 비견이나 겁재가 없기에, 정관 대운이 들어오면 몸이 약해지고, 직장에서 스트레스받고, 연애운이나 결혼운이 순조롭지 못하다.

여자라면 이 사주는 상관 기운이 많기에 관성이라는 남자를 남편으로 두기보다는 그냥 연애만 하는 사이로 남자와 관계 맺을 수 있다. 여자 사주가 상관이 많으면 웬만한 남자는 다 무시한다. 여자에게는 관성이 남자이며 남편인데, 상관이 많은 여자 사주는 관성(남편)을 극 하면서 관성을 잘 받아들이지 않는다. 이 사주의 여자는 신유(辛酉) 대운에서 정관운이 들어와도, 사주에 있는 상관으로 정관을 극하기에 결혼은 힘들다. 그러나 관성은 직업도 되기에, 여자라면 정관운이 들어 오는 대운에서 직업변동이 있다. 상관은 관성을 극 하면서 새로운 직업을 갖기도 하지만, 조직에 속한 직장인이라면 부서 변동으로 일이 힘들 수 있다.

이 사주는 일간 갑목이 기댈 곳이 없기에 남녀 모두 건강 관리를 해야 한다. 사주에서 건강운을 보려면 일간을 돕는 비견과 겁재로 본다. 비견은 건강함, 자기 편, 혈육, 지인(知人), 추진력, 활동력의 근원이다. 겁재도 건강함, 자기 편도 되고 남의 편도 되는 지인, 자기에게 도움도 되고 해(害)도 되는 혈육, 돈을 버는 경쟁력과 승부욕이다. 비견과 겁재가 네 개 이상이면 부정적으로 작용하지만, 사주에서는 비견과 겁재가 두 개쯤 있어야 자신감과 자존감을 가지고 세상을 살아갈 수 있다. 이 사주는 공부하기 싫어도 공부해서 전문 기술 자격증을 가지고 살아야 세상을 무난하게 살 수 있다. 그리고 일간 갑목이 화(火) 기운으로 소진될 수 있으니까, 평소에 물을 많이 마시면서, 피부를 촉촉하게 유지하면 좋다.

12. 을해 일주

시주	일주	월주	연주	사주
癸	乙	戊	庚	천간
未	亥	寅	戌	지지

이 사주는 양력 1970년 2월 24일 미시(未時) 사주이다. 남자라면 대운이 순행해서 기묘(己卯), 경진(庚辰), 신사(辛巳) 운으로 흐르고 2023년 계묘년이 54세, 대운은 갑신(甲申) 대운이다. 여자라면 대운이 역행해서 정축(丁丑), 병자(丙子), 을해(乙亥) 운으로 흐르고, 2023년 계묘년이 54세, 대운은 계유(癸酉) 대운이다. 일간 을목이 인월(寅月)에 태어나서 자기 기운이 있고, 체력이 좋은 편이며 건강하다. 지지의 인목(寅木), 해수(亥水), 미토(未土)의 지장간에 일간 을목을 돕는 갑목과 을목이 있어서, 일간 을목은 은근히 자기 고집이 있고, 끈기와 추진력이 있다.

이 사주의 천간에 연간(年干) 경금은 일간(日干) 을목과 거리가 멀어서 경을합금(庚乙合金)이 되지 않는다. 합이 되려면 가까이 옆에 붙어 있어야 한다. 일간 을목에게 연간 경금은 정관이다. 정관은 성실하고 올바르고 어른 말 잘 듣고 조직이나 단체에 적응 잘한다. 연지(年支) 술토는 일간 을목에게 정재이다. 연주(태어난 해)가 정재 정관이면 어린 시절 무난한 가정에서 어른 말 잘 듣고 모범생으로 자란다. 월간(月干) 무토도 일간 을목에게 정재라서 검소하고 근면하다. 정재는 알뜰하고 저축을 잘해서 돈으로 크게 고생할 일이 없다. 월지(月支) 인목은 일간 을목에게 겁재이다. 일간이 정재를 극하고 정관에게 극 당하면 힘이 빠지는데, 월지 인목(寅木)이 일간 을목을 목기운(木氣運)으로 도울 수 있어서, 이 사주에서 월지 겁재 인목은 좋게 작용한다.

비견과 겁재는 일간이 약할 때 일간에게 도움을 주는 역할을 하고, 일간이 강할 때는 일간의 자만심을 부추기기에 부정적으로 작용할 수 있다. 사주에 비견이나 겁재가 하나는 있어야 일간이 자기 주체성을 갖고 힘든 세상을 자기 힘으로 살아갈 수 있다. 사주에 비견이나 겁재 하나 없이 식상과 재성과 관성만 많다면, 체력이 약해서 공부도 오래 하지 못할 수 있고, 회사나 조직에서 적응할 때 스트레스를 많이 받아서 아플 수 있다. 사주에 비견과 겁재가 하나도 없다면, 대운에서라도 비견과 겁재운이 있어서 일간을 도와야 일간이 건강하게 사회생활을 한다.

이 사주가 남자라면 2023년 계묘년이 54세이고, 갑신(甲申) 대운이다. 일간 을목에게 갑신 대운은 겁재와 정관이다. 54세에 겁재 대운이 오면, 돈 관리를 잘해야 한다. 겁재는 돈을 손해 보거나 돈 나갈 일이 있다. 겁재 대운에 겁재 세운(歲運)이면 주식이나 가상화폐에 돈을 투자하면 안 된다. 돈을 잃어버릴 수 있다. 2023년 계묘년은 일간 을목에게 편인과 비견운이다. 편인은 회사 다니면 승진운이고, 부동산 매매운, 문서운, 합격운으로 좋게 작용한다. 비견운은 건강운으로 작용하는데, 을해(乙亥) 일주(태어난 날)가 세운 계묘년을 만나면, 지지끼리 해묘합목(亥卯合木)이 되어 목기운(木氣運)이 강해진다. 일간 을목 입장에서 갑신 대운에 계묘 세운은 목기운이 강해지기에 비견과 겁재가 작용한다. 비견과 겁재는 건강운으로는 좋지만, 돈을 손해 볼 수 있으니까 돈 관리를 잘해야 한다. 남자라면, 겁재운에 재성(남자에게 아내)을 극(剋) 하니까 아내에게 잘해야 한다. 50대 중반에 들어오는 겁재운은 이별수나 이혼수로도 작용한다.

이 사주가 여자라면, 2023년 계묘년이 54세이고, 계유 대운이다. 을해 일주에게 계유(癸酉) 대운은 편인과 편관이다. 편인운에는 문서운, 승진운, 명예운이 있고, 편인이 식상을 극 해서 직업 변화나 부서 변화가 있지만, 50대 중반이라서 큰 변화는 없을 수 있다. 편인운은 공부운도 되기에 새로운 취미생활이나 자격증 공부를 할 수 있다. 편관운은 스트레스라서 건강운은 약해지지만, 직장운, 승진운, 명예운으로 좋게 작용하기도 한다. 편관운에 한 분야에서 열심히 노력한 사람은 그 분야에서 성공하기도 한다. 계묘(癸卯) 세운은 을유 일주에게 편인과 비견이라서 긍정적으로 작용한다. 편인은 문서운, 합격운, 공부운이고, 비견운은 건강운과 인맥운으로 작용한다.

천간에서 월간(月干) 무토와 시간(時干) 계수는 거리가 멀어서 무계합화(戊癸合火)하지 못한다. 합이나 충은 가까이 옆에 붙어 있어야 작용한다. 을유 일주에게 월주(月柱) 무인(戊寅)은 정재과 겁재이다. 남자에게 정재는 여자, 아내이기에, 을유 일주 남자는 아내복이 있다고 볼 수 있다. 무인(戊寅)은 십이운성으로 장생지(長生支)이기에, 무토 정재가 힘이 있다. 장생은 건강한 생활력이다. 월간(月干)이 정재이면 알뜰하고, 성실하다. 그런데, 월지(月支) 인목이 을유 일주에게 겁재라서, 남자 사주라면 아내를 종종 마음 아프게 하기도 한다. 겁재는 정재를 극(剋) 하기 때문이다.

이 사주가 여자라면 을유 일주에게 남편은 연간(年干) 경금(庚金)이다. 여자에게는 정관이 남편이다. 경금 정관은 일간(日干) 을목 옆에 있지 않고, 연간(年干)에 있어서 남편과 아주 가까운 사이는 아니다. 주말 부부일 수 있다. 요즘 같은 비혼주의 시대에는 여자 사주에서 일간과 떨어져 있는 정관을 남편으로 해석하지 않고, 직업으로 해석할 수 있다. 연간 경금은 연지(年支) 술토(戌土)로 힘을 받기에 힘이 있다. 이 사주에서 경금 정관이 힘이 있어서, 직업은 안정적일 수 있다.

이 사주는 일간 을목이 지지의 인해미(寅亥未)에서 목 기운으로 힘을 받고 있기에 건강하다. 인목의 지장간 갑목, 해수의 지장간 갑목,

미토의 지장간 을목이 일간 을목을 돕고 있다. 이 사주가 나이 들어서 노화로 병이 난다면, 을목에 해당하는 간, 담, 췌장, 관절, 어깨이다. 이런 장기(臟器)를 미리 조심해서 관리해야 병이 나지 않는다. 간, 담, 췌장이 약하면 당뇨병에 걸릴 수 있으니까 음식을 조절해서 먹으면 좋다. 이 사주에서 월간 경금이 힘이 제일 약하다. 경금을 도와주는 지지가 술토의 지장간 신금(辛金)인데, 술토는 인목과 오화를 만나면 인오술(寅午戌) 화국(火局)이 되어, 연간 경금을 녹일 수 있다. 이 사주에서 경금이 약하기에, 사주에서는 약한 곳도 병이 날 수 있다. 경금에 해당하는 장기는 폐, 대장, 척추, 뼈대, 다리이다. 이런 신체 부위가 약해지지 않도록 평소에 잘 관리하면, 이 사주는 건강하게 오래 산다.

13. 병자 일주

시주	일주	월주	연주	사주
癸	丙	庚	庚	천간
巳	子	辰	申	지지

 이 사주는 양력 1980년 5월 3일 사시(巳時) 사주이다. 남자라면 대운이 순행해서 신사(辛巳), 임오(壬午), 계미(癸未) 운으로 흐르고 2023년 계묘년(癸卯年) 44세, 을유(乙酉) 대운이다. 여자라면, 대운이 역행해서 기묘(己卯), 무인(戊寅), 정축(丁丑) 운으로 흐르고, 2023년 계묘년 44세, 병자(丙子) 대운이다. 일간 병화에게 연간(年干) 경금(庚金), 월간(月干) 경금이 편재로 사회적 가정적 환경이다. 연주(태어난 해)와 월주(태어난 달)는 일간이 처한 사회적 가정적 환경이다. 일주(태어난 날)는 일간이 처한 상황이고, 시주(태어난 시간)는 미래 상황이거나 자식의 환경이다. 편재는 돈이 있다가도 없고, 돈

이 들어오면 쓸 곳이 있어서 돈이 잘 모이지 않고, 돈 씀씀이가 있다. 돈이 있든 없든 쓰고 보는 게 편재이다.

병자(丙子) 일주가 경진(庚辰) 월주(月柱)에 태어나서 편재와 식신의 기운으로 적극적이고 활동적인 환경에서 자란다. 편재는 역마살과 오지랖으로 인간관계도 넓고, 사람들에게 잘하고, 돈 씀씀이가 있어서 호탕하다. 식신은 긍정적 생활력으로 자기 앞의 시련을 잘 겪어낸다. 일간 병화 입장에서 연주(年柱) 경신(庚申)이나 월주(月柱) 경진(庚辰)이 일간 병화의 기운을 빼내는 식신과 편재이기에, 체력이 강하지 않다. 식신과 편재는 움직임이 많고 바깥 활동이 많기에 체력이 약해진다. 그래서 일간 병화 입장에서 어린 시절과 학창 시절에 병정(丙丁)이나 사오미(巳午未) 비겁 대운이 들어오면 건강운이 무탈하다. 이 사주가 남자라면 어린 시절과 학창 시절에 대운이 신사(辛巳), 임오(壬午), 계미(癸未)로 흘러서, 대운 사오미(巳午未)가 일간 병화를 도와서 무난하다.

병자 일주에게 연지(年支), 월지(月支), 일지(日支)가 신자진(申子辰) 삼합을 짠다. 신자진 삼합이 되면 수(水) 기운이 강해져서 월지 병화가 수(水) 기운 관성의 간섭으로 화(火) 기운이 꺼질 수 있다. 병화 입장에서 수 기운은 관성인데, 관성의 힘이 너무 강하면, 일간 병화는 체력이 약해지고, 소극적으로 행동하고, 스트레스에 약하다. 다행히 시지(時支) 사화(巳火)가 병화를 돕고 있어서 관성의 극(剋)을 버틸 수 있다. 사주에 관성이 강하면 사회적 책임감이 강하고, 모범적이고 성실하고 어른 말을 잘 들으며, 겁이 많다. 관성은 사회적 제약으로 일간 병화를 조절하면서 일간 병화가 사회에서 성공하도록 돕는다. 관성이 사회적으로 성공하면 전문 직업인으로 대우받고 살 수 있거나, 고위직 공무원, 대기업 직원이 될 수 있다.

여자는 관성이 남편이다. 일간 병화를 돕는 기운은 시지(時支) 사화(巳火)인데 이 사주의 관성 수(水) 기운을 받아내기에는 역부족이다. 지지의 신자진(申子辰) 삼합과 시간(時干) 계수(癸水)가 수(水) 기운 관성으로 일간 병화를 제압한다. 이 사주의 여자는 관성이 기운이 강해서 남편 때문에 스트레스받다가 남편과 이혼할 수 있다. 여자가 남편복이 있으려면, 사주에 관성이 두 개 정도이면 좋다. 이 사주는 수(水) 기운인 관성이 네 개이고, 연간 경금과 월간 경금이 금생수(金生水) 하면서 수 기운을 돕기에 이 사주는 수 기운이 많은 사주이다. 일간 병화에게 수 기운은 관성이고, 여자이면 관성이 남편이기에 남편에게 스트레스받는다고 해석할 수 있다. 그리고 관성은 직업도 되기에, 직장 스트레스도 많이 받는다고 해석할 수 있다. 사주에 관성이 많으면, 마음이 약하기에, 마음 관리를 잘하고, 몸 건강도 잘 유지해야 한다.

여자 사주에서 관성은 남자, 남편, 직업이고, 남자 사주에서 관성은 자식, 직업이다. 관성이 사주에서 네 개 이상이면, 여자는 남자 때문에 스트레스받아서 결혼하지 않을 수도 있다. 그리고 사주에 관성이 많으면 일간이 관성의 제약으로 스트레스받기에 직장생활을 하면서 몸이 약해지고, 인간관계가 힘들어서, 몇 번의 직업 변동을 하게 된다. 그래도 관성은 일이며 직업이니까 빈둥거리며 놀지는 않는다. 관성은 타인에게 인정받으려는 명예욕도 되기에, 관성은 힘들어도 주어진 환경에 적응하며 산다. 남자 사주에서 관성이 네 개 이상이면 자식 때문에 속상하거나 마음 아플 수 있다. 관성은 일간을 제압하기에, 남자 사주에 관성이 많으면 자식과 부딪칠 수 있다.

이 사주가 남자라면, 2023년 계묘년이 44세, 대운은 을유 대운이다. 병자 일주에게 을유 대운은 정인과 정재 대운이다. 정인은 문서운, 이사운, 매매운, 승진운, 명예운으로 작용한다. 그러나 일간 병화에게 을목 정인은 연간 경금이나 월간 경금과 경을합금(庚乙合金)을 해서 금 기운으로 변한다. 금 기운은 병화에게 재성(財星)이다. 을유 대운의 지지인 유금(酉金)도 금 기운이기에 대운이 금 기운인 재성으로 움직인다. 일간 병화 입장에서 재성운은 돈을 벌고 일을 열심히 하며, 직업 활동에서 긍정적으로 작용한다. 그러나 사주에 비견과 겁재가 약한데, 운에서 재성운이나 관성운이 들어오면 체력이 약해지기에 건강관리에 힘써야 한다. 잘 먹고, 운전 조심하고, 운동하면서 체력을 건강하게 만들어야 한다.

이 사주가 여자라면, 2023년 계묘년이 44세, 대운은 병자 대운이다. 일간 병화에게 병자 대운은 비견과 정관 대운이다. 비견은 일간 병화를 돕기에 긍정적으로 작용한다. 비견운은 건강운, 인맥운으로 좋게 작용한다. 그런데 대운 병화는 연간(年干) 경금과 월간(月干) 경금과 경병충(庚丙沖)을 하면서 기운이 약해진다. 경병충 하면 병화가 경금을 이길 수 있지만, 병자 대운이라서 병화가 기운이 강한 건 아니다. 병자 대운 지지인 자수가 수(水) 기운이기에 병화는 힘이 없다. 그래서 비견운이 제대로 작용하지 않을 수 있다. 이런 운에서는 일간 병화는 주어진 환경을 인내하면서 직업 생활을 성실하게 하면서, 건강관리를 해야 한다.

이 사주에서 필요한 기운은 목(木) 기운과 화(火) 기운이다. 목 기운은 신자진(申子辰) 합수(合水)의 수 기운을 빼내서, 목생화(木生火)해서 일간 병화를 도울 수 있다. 화(火) 기운도 일간 병화를 비견과 겁재로 돕기에 화 기운도 이 사주에서 필요한 기운이다. 그리고 일간 병화에 해당하는 심혈관계, 심장, 소장, 화병을 조심해야 한다. 이 사주 일간 병화는 관성에게 극 당할 때, 너무 참지 말고 노래하거나 춤을 추거나 예술적 작품활동을 하면서 스트레스를 푸는 게 좋다.

14. 정축 일주

시주	일주	월주	연주	사주
乙	丁	丁	丙	천간
巳	丑	酉	寅	지지

　이 사주는 1986년 9월 30일 사시(巳時) 사주이다. 남자라면 대운이 순행해서 무술(戊戌), 기해(己亥), 경자(庚子) 운으로 흐르고, 2023년 계묘년(癸卯年) 38세, 신축(辛丑) 대운이다. 여자라면 대운이 역행해서 병신(丙申), 을미(乙未), 갑오(甲午) 대운으로 흐르고, 2023년 계묘년 38세, 계사(癸巳) 대운이다. 병인년 정유월 정축일 을사시 사주인데, 사주에 화(火) 기운이 많다. 천간으로 병정정을(丙丁丁乙)이 화(火) 기운이다. 화 기운은 위로 뻗는 기운이고, 긍정적이고 밝고 활동력이 강하다. 겉으로 보이는 성격은 낙천적이다. 시간(時干) 을목(乙木)도 일간 정화(丁火)를 목생화(木生火)하는 편인(偏印)

80

이기에 천간(天干) 네 글자는 화 기운으로 모인다.

사주에 일간 정화와 같은 화 기운이 많으면 비견과 겁재이다. 비견과 겁재가 사주에 네 개 이상이면 돈을 벌어도 돈이 없을 수 있다. 사주에 비견과 겁재가 네 개 이상이면 혈육이나 가족이나 지인에게 돈 쓸 일이 많고, 돈을 벌어서 자기가 쓰기도 하지만, 남이 돈을 가져가는 경우가 생긴다. 겁재는 돈을 더 벌려고 여기저기 투자했다가 돈을 손해 볼 수 있다. 비견은 일간을 돕는 인맥운이나 건강운이 되지만, 겁재는 손재수(損財數)로도 작용하기에, 사주에 겁재가 있다면 돈 관리를 잘해야 한다.

이 사주는 일간 정화(丁火) 주변에 같은 화 기운인 병정(丙丁)의 기운이 강하다. 사주가 비견과 겁재가 많으면, 고집이 세고, 주체성과 자존심이 강해서 자수성가하는 편이다. 누구의 도움을 받기보다는 자기 힘으로 세상을 살아내는 기운이 있다. 사주에 비견과 겁재가 강하면 운동선수나, 정치인, 권력자, 외과 의사, 연예인 등으로 성공할 수 있다. 비견과 겁재는 자기 생각과 느낌으로 밀고 나가는 의지력이다. 비겁은 의지가 강하기에 전문 직업인이 될 수 있다. 다만 겁재가 투기 욕망으로 작용할 수 있기에 욕심을 적절하게 조절하는 마음 관리를 해야 한다.

연지(年支) 인목(寅木)도 목생화(木生火)하면서 연간(年干) 병화(丙火)를 밀어주기에 사주에 화(火) 기운이 왕성하다. 월지(月支) 유금(酉金), 일지(日支) 축토(丑土), 시지(時支) 사화(巳火)는 사유축(巳酉丑) 삼합을 짜면서 금(金) 기운이 된다. 금 기운은 일간 정화에게 편재(偏財)이기에, 이 사주는 신왕재왕(身旺財旺) 사주이다. 신왕은 비견 겁재가 많아서 일간의 힘이 강하다는 의미이고, 재왕은 재성의 힘이 강하다는 의미로, 일간이 돈을 벌기 위해 노력한다면 부자가 된다는 의미이다. 신왕재왕은 자기가 하고 싶은 일을 노력해서 성취하면 부자가 된다.

 남자라면 대운이 무술, 기해, 경자, 신축으로 흐르기에, 토 기운과 수 기운으로 흐른다. 토(土) 기운은 왕성한 일간 정화의 화(火) 기운을 빼는 식상의 기운이라서 하고 싶은 일을 활발하게 할 수 있다. 비견과 겁재가 밀어주는 식상은 하는 일에서 성과가 있고, 뭘 해도 잘한다. 식상은 자기가 하고 싶은 일을 할 수 있는, 능동적인 생활력이다. 수(水) 기운은 일간 정화에게 관성이다. 관성은 일간을 조절해서 일간이 사회생활에 맞게 활동하도록 돕는 규율이다. 관성에게 조정 당하는 일간은 함부로 나대지 않고, 질서를 지키며 살기에 사회생활에서 성공할 가능성이 있다. 병인년, 정유월, 정축일, 을사시 사주가 화(火) 기운이 많아서 비견과 겁재로만 움직이면 낭패 볼 일이 많은데, 대운이 화 기운을 빼내는 토 기운 식상과, 화(火) 기운을 제압하는 수(水) 기운으로 흘러서 학창 시절이나 청년 시절이나 무탈하게 사회에 적응해서 살 수 있다. 사주는 좋은 운으로 먼저 흐르지, 나쁜 운으로 흐르지 않는다. 화 기운이 많은 이 사주가 대운에서 들어오는 토 기운과 수 기운으로 중화되어 건강하게 자기 일하면서 살 수 있다.

여자라면 대운이 병신, 을미, 갑오, 계사 운으로 흘러서 화(火) 기운과 목(木) 기운이 흐른다. 화 기운과 목 기운은 이 사주에 있고, 목 기운이 화 기운을 도와서 화 기운을 강하게 하고, 화 기운은 금 기운을 금극목(金剋木) 하면서 어린 시절과 청년 시절이 극(剋) 하는 기운으로 흐른다. 비견과 겁재가 자기 힘이 있어서 극 하는 운에서도 무난하게 살지만, 번 돈이 잘 모이지 않을 수 있다. 비견과 겁재는 자기가 일해서 번 돈을 혈육이나 가족이나 지인에게 빼앗길 수 있다. 혹은 더 큰돈을 욕심내다가 돈을 잃어버릴 수 있기에, 비견과 겁재 대운으로 흐르는 운에서는 돈 관리를 잘해야, 손재수가 없다.

사주에 비견과 겁재가 많으면, 여자나 남자나 배우자 운이 약하다. 남자라면 비견과 겁재가 재성을 극(剋) 한다. 재성은 남자에게 아내이다. 남자 사주에 비견과 겁재가 많으면 재성을 극 해서 아내를 아프게 하거나 아내를 외롭게 할 수 있다. 남자 사주에 비견과 겁재가 많으면 결혼을 신중하게 하고, 결혼한 후에는 아내와 소통하면서 아내에게 잘해 주어야 이혼하지 않는다. 여자도 사주에 비견과 겁재가 많으면 남편과 갈등이 심하다. 여자에게 남편은 관성이다. 관성이 비견과 겁재를 제압한다 해도, 관성 하나가 비견과 겁재 네 개를 이길 수 없다. 그래서 남편운이 약하고 남편과 이별할 수 있다. 남자나 여자나 사주에 비견과 겁재가 네 개 이상이면, 배우자를 존중하면서 살아야 한다.

이 사주는 일간 정화(丁火)에 해당하는 심장, 소장, 심혈관계, 모세혈관이 약해질 수 있다. 사주에서 병이 나는 곳은 그 오행이 많거나 약할 때이다. 이 사주에서는 화(火) 오행이 많아서, 화 기운에 해당하는 혈관계가 약해지기에 혈압이나 고지혈증 같은 병을 앓을 수 있으니까, 음식 섭생을 조심해서 해야 한다. 그리고 이 사주에서 금(金) 오행에 해당하는 장기(臟器)에도 병이 날 수 있으니까, 금 기운에 해당하는 폐, 대장, 척추, 말초 신경계의 건강을 관리해야 한다. 금 기운의 장기가 약해지면, 금생수(金生水) 하는 수 기운의 장기인 비뇨생식기, 신장, 방광이 약해진다. 그러면 수생목(水生木) 하는 목 기운의 장기도 약해질 수 있으니까, 중장년기에 들어서면, 목 기운에 해당하는 간, 담, 췌장, 당뇨, 머리, 뇌혈관을 건강하게 관리해야 한다.

15. 무인 일주

시주	일주	월주	연주	사주
庚	戊	庚	癸	천간
申	寅	申	丑	지지

　이 사주는 양력 1973년 8월 10일 신시(申時) 사주이다. 남자라면 대운이 역행해서 기미(己未), 무오(戊午), 정사(丁巳), 운으로 흐르고 2023년 계묘년 51세, 갑인(甲寅) 대운이다. 여자라면 대운이 순행해서 신유(辛酉), 임술(壬戌), 계해(癸亥) 대운으로 흐르고, 2023년 계묘년이 51세, 을축(乙丑) 대운이다. 무인(戊寅) 일주 주변에 월주(月柱)도 경신(庚申) 식신(食神), 시주(時柱)도 경신(庚申) 식신(食神)이라서 이 사주는 식신이 많은 사주이다. 식신은 먹고 사는 능력으로 재주가 많은 사주이다. 사주에 식신이 발달해 있으면 일을 찾아서 하고, 의식주에 관련된 일을 잘한다. 식신은 일간의 기운을 바깥으로

빼내서 재능을 펼치는 사주이다.

식신이 건강하게 자기 재능을 펼치려면 사주에 비견과 겁재가 있어서 일간의 건강을 돕고 식신을 밀어주어야 한다. 이 사주는 일간 무토의 기운이 천간으로는 약하지만, 지지인 축신인신(丑申寅申)에서 지장간에 기토(己土) 한 개와 무토(戊土) 세 개가 있어서 일간 무토를 도울 수 있다. 축토의 지장간 기토, 신금(申金)의 지장간 무토, 인목의 지장간 무토가 일간 무토를 돕는다. 그래서 일간 무토를 도울 비견 겁재가 천간에 없어도 지지의 지장간에서 힘을 받고 있기에, 이 사주에서 일간 무토가 생(生) 하는 식신 경금은 자기가 하고 싶은 일에서 능력을 발휘할 수 있다.

사주에 식신이 발달하면 무슨 일이든 열심히 하기에 먹고살 일로 걱정할 일은 없다. 식신은 부지런히 배우고 일하는 재능이고, 어느 한 분야에서 자기 기술을 인정받을 수 있다. 식신은 창의력과 창조력이 좋고, 자기만의 생각과 느낌을 바깥으로 표현하는 능력도 좋고, 말도 잘하고, 똑똑하며, 주어진 상황에 맞춰서 적응하는 지혜로움이 있다. 식신은 부지런함이고, 식신이 재성을 만나면 식신생재로 돈을 번다. 식신생재는 돈 버는 일에 즐거움을 느끼기에 일이 힘들어도, 통장에 돈이 쌓이는 것을 보면서, 긍정적인 생각으로 일을 열심히 하기에, 부자가 될 수 있다.

이 사주가 여자라면 식신이 자식이라서 자식을 잘 키운다. 일간 무토는 식신(여자에게 자식) 경금을 위해서 자기를 희생하고 경금 식신을 생(生) 하기에, 이 사주가 여자라면 자식복이 좋다. 여자 사주에 식신이 건강하면, 자식을 잘 키우려는 의무감과 책임감이 강하다. 이 사주가 여자라면 식신이 관성(남편)을 극(剋) 하기에 남편운은 약하다. 여자 사주에서 식신이 강하면 남편복은 약해도 자식복이 좋다. 이 사주 여자 무토 일간에게 정관(남편)은 을목(乙木)인데, 을목 정관은 이 사주 식신 경금과 경을합금(庚乙合金)으로 힘없이 사라진다. 사주에서 정관(남편) 을목이 식신(자식) 경금에게 경을합금으로 사라지면, 결혼 생활에서 남편의 기운이 약하다. 이 사주의 여자는 무인(戊寅) 일주라서 편관인데, 사주에 정관이 없으면 편관을 남편으로 해석할 수 있다. 일지(日支) 인목 편관은 월지(月支) 신금(申金)과 시지(時支) 신금(申金)에게 인신충(寅申沖)을 당해서, 이 사주가 여자라면, 남편복은 약하다.

여자 무토 일간에게 경금이 식신이고 을목이 정관인데, 정관은 여자에게 남편이다. 이 사주의 여자는 결혼해서 자식이 생기면 남편보다 자식 위주의 삶을 살며, 남편은 착하고 순하거나, 혹은 남편 없이 자식을 혼자 키울 수 있다. 여자 사주에 식신이 네 개 이상이면, 결혼할 때 신체 건강하고, 안정적인 직업을 가진 남자와 결혼해야, 결혼 생활이 평탄하게 이어진다. 여자 사주에 식신이 많으면, 집안 살림을 혼자서 다 하는 가장이다. 여자 사주에 식신은 재주가 많아서 무슨 일이든 잘하고, 자식을 위해 헌신한다. 사주에 식신이 네 개 이상이면 공부해서 자기 전문직으로 살아야 인생을 편하게 산다.

사주에 식신이 네 개 이상이면, 남녀 모두 연구원, 교수, 의약사, 변호사, 검경, 상담사 등의 직업이 좋다. 식신이 관성(직업)을 극 하기에, 식신은 자기 전문직으로 살아야 직장에서 갈등을 겪지 않고, 직업 변동 없이 살 수 있다. 관성은 남녀에게 직업인데, 사주에 식신이 네 개 이상이면 관성을 극 하기에 이 직업, 저 직업을 전전할 수 있다. 그러다 잘 되면 프리랜서로 일하면서, 투잡이나 쓰리잡으로 수입이 여러 방향에서 생길 수 있다. 사주에 식신이 네 개 이상이면, 반드시 전문직으로 일하기 위해 공부를 열심히 하는 게 좋다. 남자 사주가 식신이 네 개 이상이면 식신이 관성(남자에게 자식)을 극 하기에 이 사주의 남자는 자식운이 약하다. 남자 사주에 식신이 많으면 자식 낳기를 싫어하며, 자식을 낳아도 자식과 인연이 깊지 않다.

이 사주에서 일지(日支) 인목(寅木)은 힘이 없다. 무인 일주에서 일지 인목은 편관으로 작용하지 못한다. 월주(月柱)와 시주(時柱) 경신금(庚申金)에게 금극목(金剋木)을 당해서, 인목은 약해진다. 인목이 약해지면, 인목이 상징하는 머리, 어깨, 척추, 간, 담, 췌장은 병이 날 수 있다. 일간 무토가 경신금 식신을 생 하느라고 너무 열심히 일해서, 피로감을 빨리 느끼거나, 면역력이 약해져서, 소화기계가 약해지고, 스트레스로 머리가 아플 수 있다. 식신이 네 개나 되는 사주는 남녀 모두 건강관리를 잘해야 하고, 일도 적당히 해야 건강하게 오래 산다.

남자라면 2023년 계묘년이 51세로 갑인(甲寅) 대운이다. 갑인 대운은 월주(月柱)와 시주(時柱)인 경신금과 금극목(金剋木)을 하며 부덮친다. 대운 지지 인목(寅木)과 사주의 지지 신금(申金)이 인신충(寅申沖)을 하기에 변화 변동이 있다. 극 하거나 충 하는 운이 오면 운전, 말, 행동을 조심해야 관재수, 손재수, 구설수를 피할 수 있다. 여자는 2023년 계묘년이 51세로 을축(乙丑) 대운이다. 을축 대운에 정관 을목이 식신 경신금(庚申金)을 만나면 합으로 사라지기에 남편과 이별 수가 있거나 직업 변동이 있다. 을목이 약해지면, 을목에 해당하는 간, 담, 췌장, 머리, 관절, 뼈가 약해진다. 이 사주는 일만 열심히 하는 성실한 사주라서 먹고 살 수 있는 능력은 좋지만, 나이 들면서 건강관리를 잘해야 오래 산다.

16. 기묘 일주

시주	일주	월주	연주	사주
壬	己	辛	庚	천간
申	卯	巳	午	지지

 이 사주는 양력 1990년 5월 14일 신시(申時) 사주이다. 남자라면 대운이 순행해서 임오(壬午), 계미(癸未), 갑신(甲申) 운으로 흐르고, 현재 갑신 대운에 2023년 계묘년이 34세이다. 여자라면 대운이 역행해서 경진(庚辰), 기묘(己卯), 무인(戊寅), 정축(丁丑) 대운으로 흐르고, 현재 정축 대운에 2023년 계묘년이 34세이다. 남자는 연간(年干)이 양간 갑병무경임이면 대운이 순행하고, 여자는 연간이 양간 갑병무경임이면 대운이 역행한다. 대운의 흐름 기준은 월주(月柱)이다.

 이 사주는 경오년 신사월 기묘일 임신시에 태어났다. 기묘 일주가 신사월(辛巳月)에 태어나서 식신과 정인의 영향력이 있다. 식신은 생활력이고 정인은 어른 말 잘 듣고 순하게 산다. 월지(月支) 사화(巳火)는 사화의 지장간 경금이 연간(年干) 경금을 밀어주지만, 경금은 연지(年支) 오화(午火)에게 녹고 있어서 힘 있는 상관이 아니다. 그래도 연간(年干) 경금, 월간(月干) 신금(辛金)이 상관과 식신이라서 먹고 살 수 있는 기술과 재능이 있고, 말을 잘하고, 자기 생각과 느낌을 솔직하게 표현하고 자기 개성대로 산다.

일간 기토에게 연간(年干) 경금 상관과 월간(月干) 신금(辛金) 식신이 힘이 강한 건 아니다. 연지(年支) 오화와 월지(月支) 사화가 사오합화(巳午合火)를 해서 천간의 경금(庚金) 상관과 신금(辛金) 식신을 녹일 수 있다. 일간 기토에게 화(火) 기운 인성(印星)이 천간의 식신과 상관을 극(剋) 해서, 식신과 상관이 좋은 쪽으로 흘러가게 돕는다, 식신은 비겁이 생 하면, 좋은 생활력으로 발휘되고, 상관을 인성이 극 하면, 상관의 구설수과 관재수가 사라진다. 상관은 함부로 말하는 말버릇인데, 인성이 상관을 제압하면, 상관이 눈치를 봐 가면서 말하기에, 구설수와 관재수가 사라진다. 상관이 정관을 극 하는 일을 관재수(官災數)라고 하는데, 인성이 상관을 극 하면, 상관이 정관을 극 하지 못하고, 상관생재로 흘러서, 상관의 관재수가 사라진다.

이 사주의 연주(年柱) 경오는(庚午)는 일간 기토에게 상관과 편인이기에 어린 시절부터 자기 특기가 있어서 창의력이나 표현력이 좋게 발달한다. 상관은 창의력이고, 편인은 창조적인 아이큐이다. 객관적 지식인 편인이, 주관적 감성인 상관을 극 해서 조절하면, 공과(工科)나 이과(理科) 계통에서 발명가, 연구원, 교수가 될 수 있고, 문과(文科) 계통이나 예술계에서 자기만의 독창적인 작품을 만들 수 있다. 인성이 식상을 극 하는 사주는 공부해서 먹고살 수 있는 직업을 선택하는 게 좋다. 인성에게 조절 당한 식신과 상관은 합리적이며 똑똑하다. 식신과 상관이 정인과 편인에게 조절 당하면 상황에 알맞게 객관화되어서 사회생활을 잘한다.

월간(月干) 신금(辛金)은 사화(巳火)의 지장간 병화와 병신합수(丙辛合水)를 하기에 식신생재(食神生財) 하는 쪽으로 움직인다. 이 사주는 돈의 중요성을 알고 돈을 많이 벌 생각을 하면서 인성의 작용으로 열심히 공부하며 자기 능력을 기를 수 있다. 천간 경신금(庚辛金)이 기토에게 상관과 식신이지만, 지지의 오화와 사화에게 조절 당하면 식상은 똑똑해지고 공부를 잘할 수 있다. 식신과 상관은 식상생재 하면서 재성으로 가는 게 제일 좋다. 그다음 인성이 있어서 식신과 상관을 조절하면 식상이 똑똑해지고 눈치 빠르게 세상에 적응한다.

인성은 일간(나)을 생하고, 일간이 식신과 상관을 생(生) 하면 일간이 상황에 맞게 식신과 상관을 사용한다. 인성은 사회에서 통용되는 합리적 객관적 지식 정보이고, 식상은 그 지식 정보를 상황에 맞게 응용하고 사용하기에, 인성이 일간을 생하고 식상을 조절하면 사회생활을 무난하게 한다. 식상은 재성을 보거나 인성을 만나야 현실적으로 돈 버는 일을 잘한다.

이 사주가 남자라면 2023년 계묘년이 일간 기토에게 편재 계수 운과 편관 묘목 운이다. 올해(계묘년) 나이 34세이기에 결혼운, 자식운, 직장운, 승진운이 궁금할 것이다. 기토 일주에게 계묘년은 편재 편관 운이기에 남자라면 결혼운, 자식운, 승진운이 있다. 남자에게 편재운은 연애운, 결혼운, 재물운이다. 이 사주가 남자라면 2023년에 결혼할 가능성이 있다. 일간(日干: 나) 기토에게 지지로 묘목 편관운이 오기에 직장운과 승진운이 좋고, 결혼한 남자라면 관성이 자식이기에 아기가 생길 수 있다.

남자라면 대운이 갑신(甲申) 대운이라서 갑목이 일간 기토에게 정관이기에 남자 입장에서 관성운은 자식운, 직장운, 승진운으로 작용한다. 관성은 스트레스이지만, 스트레스를 버티는 비겁이 있으면 관성이 좋은 쪽으로 움직인다. 비겁이 있어서 관성의 스트레스를 버티면 승진하고 명예가 좋아진다. 이 사주는 지지의 지장간(오화 속의 기토, 사화 속의 무토, 신금 속의 무토)에 일간 기토를 도와주는 토 기운 비겁이 있어서 관성의 스트레스를 버텨낼 수 있다. 관성은 일간을 직접 제압하지만, 사주에 인성이 있다면, 인성이 관성을 관인상생 하면 일간은 관성의 스트레스를 덜 받는다. 세운(世運)에서 관성이 작용하면 남자라면 승진운, 직장운, 자식운이 좋아진다.

이 사주가 여자라면 2023년 계묘년이 편재운과 편관운이다. 편재운은 일복이 많고 일을 열심히 해서 돈을 벌지만, 돈이 나가기도 하기에 돈 관리를 잘해야 돈이 모인다. 여자에게 편관운은 스트레스이다.

묘목 편관이 일간 기토를 제압하면 기토는 힘이 빠지고 기운이 약해져서 몸이 아플 수 있다. 여자라면 편재운과 편관운이 되는 2023년 계묘년에 건강관리를 잘해야 한다. 기토에 해당하는 위, 비장, 소화기 계나, 묘목에 해당하는 간, 담, 췌장, 머리, 관절, 허리, 뼈대 같은 부분이 약해진다. 이 사주가 여자라면 2023년 계묘년에는 건강관리만 열심히 해도 좋은 일이 생긴다. 사람이 아프면 만사가 힘들기에 아프지 않게 건강을 유지하는 일이 복이다.

이 사주가 여자라면 남편복은 약하다. 여자 기묘 일주에게 묘목이 편관으로 남편인데, 묘목은 천간 경신금(庚辛金)에게 극 당하고, 시지(時支) 신금(申金)에게도 극 당하고, 지지의 오사화(午巳火)에게 힘을 빼앗기기에 남편복이 약하다. 이 사주가 여자라면 결혼을 신중하게 해야지, 그저 사람이 좋아서 결혼하면 남편 때문에 고생한다.

17. 경진 일주

시주	일주	월주	연주	사주
乙	庚	癸	戊	천간
酉	辰	亥	辰	지지

이 사주는 양력 1988년 11월 21일 유시(酉時) 사주이다. 남자라면 대운이 순행해서 갑자(甲子), 을축(乙丑), 병인(丙寅)으로 흐르고, 2023년 계묘년 세운이 36세이고, 정묘(丁卯) 대운이다. 여자라면 대운이 역행해서 임술(壬戌), 신유(辛酉), 경신(庚申)으로 흐르고 2023년 계묘년 세운이 36세, 기미(己未) 대운이다. 연간(年干) 무토와 월간(月干) 계수는 무계합화(戊癸合火)가 될 수 있다. 일간(나) 경금과 시간(時干) 을목은 경을합금(庚乙合金)이 될 수 있다. 일지(日支) 진토와 시지(時支) 유금도 진유합금(辰酉合金)이 된다. 사주가 이렇게 합이 많으면, 이 사주 당사자는 친절하고, 화합하는 성격이다.

사주에 합이 많으면 타인과 잘 어울리고, 부딪치기보다는 협력하면서 중화하려고 한다. 합이 많으면 다정하다. 일간 경금에게 월주(月柱) 계해는 상관과 식신이다. 월주는 일간이 어렸을 때부터 만나는 가정적, 사회적 환경이다. 월주가 상관과 식신이기에 자기 생각과 느낌을 바깥으로 표현하는 외향적인 성격이다. 상관과 식신은 자기표현 능력이고, 말 잘하고, 예술적 감각이 있고, 예체능에서 재능을 뽐낼 수 있다. 이 사주에서 상관과 식신은 주관적인 상관과 식신이 아니다. 상관과 식신이 인성에게 극 당하면, 객관적이고 합리적으로 변한다. 연주(年柱) 무진(戊辰)이 일간 경금에게 편인이다. 연주에 편인이 있어서 월주의 상관과 식신은 편인의 극을 받아서 논리적으로 똑똑해진다.

연주(태어난 해)가 편인이면 어렸을 때 부모 말 잘 듣고 공부를 잘할 수 있다. 편인은 문과(文科) 공부도 되고, 기술 과학 같은 이과(理科) 공부도 되고, 발명, 연구 같은 특수한 분야의 공부를 잘한다. 편인은 정인에 비해서 편벽되는 공부를 하지만, 자기가 하고 싶은 공부 분야에서는 뛰어나게 잘한다. 연주(年柱) 무진(戊辰)이 일간 경금에게 편인이라서, 월주(태어난 달) 상관과 식신을 조절한다. 편인이 조절하는 상관과 식신은 제멋대로 나대지 않고, 상황과 환경에 맞게 행동한다. 편인에게 극 당한 상관과 식신은 학자, 연구원, 교수, 선생님, 기획자, 창조자, 방송, 예술 분야에서 자기 재능을 발견할 수 있다.

일간(日干) 경금도 적당하게 자기 힘이 있어서 건강하다. 일간 경금을 돕는 연주(年柱) 무진 편인이 있고, 일지(日支)와 시지(時支)가 진유합금(辰酉合金)을 해서 일간 경금을 비견과 겁재로 밀어준다. 이 사주는 자기가 하고자 하는 일에 주체적으로 매진할 수 있다. 그리고 관성의 제약이 없는 사주이기에, 자유 영혼이며, 프리랜서 같은 일에서 성과를 볼 수 있다. 이 사주가 남자라면 2023년 계묘년이 36세이고 정묘(丁卯) 대운이다. 일간 경금 남자에게 목기운(木氣運)의 운은 금극목(金剋木)으로 재성 운이다. 재성은 남자에게 여자이다. 정묘 대운에 들어오는 지지의 묘목은 이 사주의 남자에게 재성 여자이기에, 이 대운에서 결혼하고 아이도 낳을 수 있다. 남자에게 자식은 관성인데, 정묘 대운의 정화(丁火)가 일간 경금에게 정관이기에, 결혼하면 아이를 낳을 수 있다.

이 사주의 여자라면 2023년 계묘년 세운이 36세이고, 기미(己未) 대운이다. 일간 경금에게 기미 대운은 정인 대운이다. 정인 대운은 공부운, 승진운, 명예운, 문서운이 좋아진다. 연주(태어난 해)에 편인 무진(戊辰)이 있고, 대운에서도 정인 기미(己未) 대운이 들어오면 일간 경금은 자기 힘이 세진다. 그러면 월주(태어난 달) 계해(癸亥)인 상관과 식신은 힘이 약해진다. 인성이 식상을 극 하기 때문이다. 여자 사주에서 인성이 많거나, 인성이 식상을 극 하면 자식운이 약해진다. 여자에게 식상은 자식이다. 이 사주 여자는 기미 대운에서 결혼운이 약하다. 일간 경금에게 관성(여자에게는 남자)은 병정화(丙丁火)인데, 계묘 세운에서도, 기미 대운에서도 관성의 기운이 약하다. 그래서 이 사주 여자는 기미 대운에 결혼운이 약하다. 그러나 인성운이 강하기에, 문서운, 명예운, 승진운, 공부운은 좋게 작용한다.

이 사주에서 시간(時干) 을목은 경을합금(庚乙合金)으로 사라질 수 있다. 남자 사주라면 을목이 정재(正財)인 아내이다. 사주에 아내가 있지만, 정재 을목이 일간 경금과 합(合)으로 중화되어 사라지기에 아내운이 약하다. 그래서 이 사주 남자가 결혼하면, 아내에게 잘하고, 아내를 존중하면서 살아야 아내복이 있다. 지지의 진해진유(辰亥辰酉)에서 진해진(辰亥辰)의 지장간 갑을목이 시간(時干)의 을목에게 힘을 실어주지만, 그 힘은 약하다. 일지(日支) 진토와 시지(時支) 유금이 진유합금이 되어서 시간(時干)의 을목에게 힘을 실어줄 수 없다. 그래서 이 사주의 남자는 을목 정재인 아내를 지키려면 아내에게 잘해야 한다. 그리고 을목은 간, 담, 췌장, 관절, 사지(四肢)를 상징하기에, 이런 장기(臟器)의 건강관리도 잘해야 한다.

　여자 사주라면, 시간(時干) 을목이 정재이다. 정재는 성실하게 일하고 알뜰하게 모은 돈이다. 여자 사주라면 돈을 잘 모을 수 있다. 정재가 합으로 사라지면, 돈이 저금통에 안전하게 모인다. 돈은 겉으로 드러나는 것보다, 지장간이나 합으로 숨는 게 좋다. 돈이 숨어 있어야 돈이 나가지 않고 모인다. 그러나 천간의 경을합금(庚乙合金)이나 지지의 진유합금(辰酉合金)으로 을목 정재가 힘이 없기에, 주식이나 가상화폐 같은 곳에 돈을 투자하면 돈을 잃어버릴 수 있다. 정재는 착실하게 저축해서 모은 돈이다. 그리고 이 사주의 여자도, 을목에 해당하는 간, 담, 췌장, 관절, **뼈**, 사지(四肢)가 약해지지 않게, 잘 먹고 건강관리를 평소에 잘해야 한다.

이 사주는 일간 경금을 제압할 관성(官星) 화(火) 기운이 약하다. 사주에 관성이 약하면 조직이나 단체에 적응해서 살기 힘들 수 있다. 관성은 조직 규율을 지키는 위계질서이다. 사주에 관성이 약하면 조직이나 단체에서 월급 생활을 하는 것보다는 자기가 잘할 수 있는 일을 하면서 돈을 버는 게 좋다. 이 사주는 적당한 건강(비겁)도 있고, 적당한 지식(인성)도 있고, 적당한 활동력(식상생재)도 있기에, 자기가 좋아하는 일을 하면서 살면 행복 만족도가 좋은 사주이다.

18. 신사 일주

시주	일주	월주	연주	사주
甲	辛	戊	癸	천간
午	巳	午	丑	지지

이 사주는 양력 1973년 6월 14일 오시(午時) 사주이다. 남자라면 대운이 역행해서 정사(丁巳), 병진(丙辰), 을묘(乙卯) 운으로 흐르고, 2023년 계묘년 세운(歲運)에 51세, 계축(癸丑) 대운이다. 여자라면 대운이 순행해서 기미(己未), 경신(庚申), 신유(辛酉) 운으로 흐르고, 2023년 계묘년 세운에 51세, 계해(癸亥) 대운이다. 신사(辛巳) 일주가 더운 여름에 태어나서 신금(辛金) 금(金) 기운이 녹는 상황이고, 관성 화(火) 기운이 많아서 체력이 약한 사주이다. 천간의 연간(年干)과 월간(月干)도 무계합화(戊癸合火)가 되기에 이 사주 일간 신금(辛金)은 화(火) 기운인 관성의 스트레스를 심하게 받는다.

관다신약(관성이 많아서 일간의 기운이 약하다)이면 건강관리를 잘해야 한다. 관성은 외부에서 들어오는 질서와 권력으로 일간(나)이 참아내야 하는 사회적 규율이다. 관성은 일간을 사회화시키는 외부 간섭으로 일간이 관성에 저항할 수 없다. 일간은 관성의 제압을 받아내면서 관성이 시키는 대로 행동하고 말하고 움직여야 세상에서 살아남는다. 중이 절 싫으면 중이 떠나야 하듯이, 관성은 절대 규율 같은 절이다. 일간(나)은 관성의 말을 들어야 하니 마음도 아프고 몸도 약해질 수 있다.

이 사주 신금(辛金) 일간이 관성에 대항하려면 화(火) 기운 관성을 극(剋) 하는 식신과 상관인 수(水) 기운이 사주에 있어야 하는데, 사주에 수(水) 기운이 약하다. 연간(年干) 계수 수(水) 기운은 월간(月干) 무토와 무계합화(戊癸合火)를 해서 화(火) 기운으로 변한다. 연지(年支) 축토 지장간에 수(水) 기운 계수가 있지만, 월지(月支) 오화와 연지(年支) 축토가 만나면 축오 원진, 귀문, 탕화살을 짜기에, 축토 속의 계수가 수 기운의 역할을 하지 못한다. 그리고 일간 신금(辛金)은 병화(丙火)를 만나면 병신합수(丙辛合水)가 되어 완전히 녹아버린다. 이 사주 신금(辛金) 일간은 관성이라는 바깥 환경에 동화되어 환경이 시키는 대로 사는 모범생이지만, 그렇게 사느라고 몸도 마음도 아프다. 주위에서 시키는 대로 산다는 의미는 져주며, 맞춰주며 산다는 의미이다.

사주에 관성이 많아서 일간이 신약(身弱) 하면 체력이 약해서 공부든 일이든 끝까지 하기 힘들다. 사주에 관성이 많으면, 여자는 남자나 직업 때문에 고생이 많고, 남자 역시 자식이나 직업으로 힘들게 산다. 사주에 관성이 많으면, 반드시 공부를 열심히 해서 공무원, 회사원, 전문직 종사자가 되어야 살면서 경제적으로 고생하지 않는다. 여자 사주에 관성이 많으면 관성이 남편으로 작용하기보다는 스트레스로 작용하여, 주변에 남자들이 많아도, 여자에게 도움이 되는 남자는 없고, 여자의 약한 마음을 이용해서 여자의 재물을 빼앗아가는 남자를 만날 수 있다. 여자 사주에 관성이 많으면, 남편을 고를 때 신중하게 골라야 한다. 여자 사주에 관성이 많으면 사업하는 남자보다는 직장이 튼튼한 월급쟁이 남편이 좋다.

이 사주가 남자라면 어렸을 때 대운이 정사, 병진, 을묘 운으로 흘러서 사주에 화 기운이 넘쳐서 자주 아팠을 것이다. 어렸을 때 대운에 관성이 많으면 정신적 스트레스를 이겨내지 못해서 내성적이거나 겁이 많거나 대인관계에서 문제가 있었을 것이다. 주위 상황에 맞춰주면서 마음은 힘들고 몸도 약했을 것이다. 사주에 관성이 많은데, 어렸을 때도 관성 대운이면 어른 말 잘 듣고 모범생으로 자라겠지만, 자기 주장을 정확하게 하지 못하고, 자기 목소리도 내지 못하기에 우울함이나 불안함을 겪었을 것이다. 다행히 어린 시절에 관성의 스트레스를 인내심으로 버텼다면, 2023년 계묘년 세운에 계축 대운에서는 그래도 조금은 숨 쉴 수 있는 환경이 펼쳐진다. 남자라면 계축 대운이 신금(辛金) 일주에게 식신과 편인이 되어주기에, 일간 신금(辛金)이 자기 건강을 유지하거나 자기 할 일을 성실하게 해낼 수 있다. 그래도

이 사주의 남자는 평생 건강관리를 해야 한다.

이 사주의 여자라면, 2023년 계묘년 세운에 현재, 계해 대운이다. 여자라면 어렸을 때 대운이 기미, 경신, 신유 운으로 흘러서 괜찮았을 것이다. 어렸을 때 편인과 비겁 대운이 들어 있기에, 사주에 많은 관성을 편인이 관인상생(官印相生)으로 사용하거나, 관성의 제압을 받아내는 비겁 대운이 있어서 무난하게 자랐을 것이다. 그리고 현재도 계해 대운이라서, 식신과 상관 대운이기에, 사주에 많은 관성인 화(火) 기운을 제압하면서 살 수 있다. 여자 사주에 관성이 많으면 결혼하지 않는 게 편할 수 있다. 관성이 많은 여자가 결혼하면, 남편의 스트레스도 받아내야 하고, 직장생활도 열심히 해야 하기에 몸과 마음이 아플 수 있다. 관성이 많은 여자 사주라면 결혼할 때 신중하게 남편감을 골라야 한다.

이 사주는 평소에 물을 많이 마셔야 한다. 신금(辛金)이 화(火) 기운으로 녹고 있기에 물로 화 기운을 중화하고, 신금(辛金)의 모습을 지켜야 한다. 신금(辛金)은 세공이 완성된 보석으로 자기 모습이 변하는 것을 싫어한다. 이 사주는 관성(주변 상황)에 맞춰주면서 살다가 마음도 병나고, 몸도 아플 수 있다. 이 사주에 많은 화(火) 기운을 중화하기 위해 수(水) 기운이 필요하다. 수 기운이 상징하는 색깔은 검은색이다. 평소에 검은색 옷을 즐겨 입는 것도 도움이 된다. 그리고 사주에 화 기운이 많으면 화병이 나고, 나이 들면 혈압이 올 수 있고, 피부도 거칠 수 있기에 피부 보습에도 신경 써야 한다. 사주에 화 기운이 강하면 심혈관계, 심장, 소장이 약해지기에 대사질환을 앓을 수 있다. 일간 신금(辛金)이 약해서, 신금이 상징하는 폐, 대장, 미세 근육, 관절이 약해질 수 있기에, 이 사주는 건강관리에 힘써야 한다.

이 사주의 남녀는 자라면서 정신적 신체적 스트레스로 힘들 수 있으니까, 독서를 많이 해서 자기 정체성이나 주체성을 확실하게 세우면 좋다. 책을 읽으면서 지식도 쌓고 지혜도 생기면 자기 나름대로 관성(외부 규율)에 유연하게 적응할 수 있다. 이 사주의 여자는 평생 남자를 조심하며, 자기가 좋아하는 남자와 결혼하는 것보다, 자기를 좋아해 주는 남자와 결혼하는 게 좋다. 그리고 자기가 잘할 수 있는 공부를 열심히 해서 전문직으로 직장을 잘 잡아야 평생 돈이나 남편으로 스트레스를 덜 받을 수 있다.

19. 임오 일주

시주	일주	월주	연주	사주
戊	壬	己	庚	천간
申	午	卯	午	지지

이 사주는 양력 1990년 3월 18일 신시(申時) 사주이다. 남자라면 대운이 순행해서 경진(庚辰), 신사(辛巳), 임오(壬午) 운으로 흐르고, 2023년 계묘년 세운(歲運)이 34세, 임오(壬午) 대운이다. 여자라면 대운이 역행해서 무인(戊寅), 정축(丁丑), 병자(丙子) 운으로 흐르고, 2023년 계묘년 세운이 34세, 을해(乙亥) 대운이다. 일간 임수가 기묘월에 태어나서 정관과 상관의 기운으로 영향을 받는다. 정관은 올바르게 어른 말 잘 듣고 모범적으로 자란다. 상관은 어른에게 반항하며 자기 의견을 정확하게 말하면서, 상관은 정관을 극 하기에 정관 기토가 힘이 없을 것 같지만, 이 사주에서 월지(月支) 묘목 상관은 힘이 없다.

사주를 보면서 일반적으로 월지(태어난 달의 지지)의 힘을 중요하게 보는데, 사주는 팔자 간의 상대적 우월 관계를 살펴야 하기에, 꼭 월지(月支)가 사주 전체의 힘을 좌우한다고 보면 안 된다. 이 사주의 월지 묘목 상관은 연지(태어난 해의 지지) 오화(午火)에게 목생화(木生火) 하면서 힘을 빼앗기고, 연간(태어난 해의 천간) 경금과는 경을합금(庚乙合金)을 하기에 이 사주 월지 묘목 상관은 거의 힘이 없다. 묘목의 지장간 을목이 연간 경금과 경을합금을 한다. 이 사주의 천간을 보면 월간(태어난 달의 천간) 기토가 연간(年干) 경금을 토생금(土生金) 하는 관인상생(官印相生)을 하고 있다. 일간 앞에 있는 월간과 연간이 관인상생을 하면, 일간은 사회가 원하는 대로 질서를 지키며 무난하게 자라기에 어린 시절이나 청년 시절이나 큰 고난 없이 자란다.

연주(年柱)와 월주(月柱)가 관인상생을 하면 어른 말 잘 듣고, 학교 잘 다니고, 인간관계도 무난하다. 관인상생은 바깥 규율을 지키며 살기에 겁이 많고, 혼나는 것을 싫어하고, 되도록 주어진 질서를 지키는 편이다. 반면에 식상생재(食傷生財)는 자기 기운을 바깥으로 내보내며 살기에, 자기가 하고 싶은 대로 행동하는 편이고, 말도 솔직하게 직설적으로 하는 편이라서 주어진 사회 질서와 부딪치기도 한다. 식상생재가 자기 인생을 적극적으로 산다면, 관인상생은 소극적으로 사는 편이다. 적극적인 삶도 소극적인 삶도 다 좋게 해석하면 된다. 적극적인 삶은 자기 하고 싶은 일을 창조하는 삶이고, 소극적인 삶은 주어진 사회 질서에 맞춰서 순응하는 삶이다. 적극적인 삶은 자기 마음대로 사는 삶이고, 소극적인 삶은 상황에 맞춰서 사는 삶이다. 그리고 적극적인 삶도, 소극적인 삶도 사회 질서를 벗어나서 살 수는 없다.

이 사주를 보면 임수를 도와주는 비견과 겁재가 없다. 관인상생(官印相生)을 하는 사주도 식상생재(食傷生財)를 하는 사주도 혹은 재생관(財生官)을 하는 사주도 일간 임수를 도와줄 비견과 겁재가 하나 이상 있어야 자존감과 자신감으로 세상을 살 수 있다. 비견과 겁재는 적극적으로든, 소극적으로든, 자기 주체성을 가질 수 있는 자립심이고, 기초 체력이다. 비견과 겁재는 일간을 편들어 주는 혈육, 가족, 인맥이고, 건강한 신체이기에, 사주에 비견과 겁재가 하나 이상 있어야 좋다. 이 사주는 일간 임수를 도와줄 비견과 겁재가 없기에, 평소에 외로울 수 있고, 모든 일을 혼자 해결해야 하고, 체력도 약할 수 있다. 그래서 수(水) 기운을 상징하는 검은색 옷을 입거나, 검은색 음식을 먹는 것도 좋다. 수 기운을 상징하는 숫자 1과 6도 좋다. 이런 식의 해법은 약간의 부적 같은 의미이지만, 사주에서 어떤 오행이 약하면, 그 오행을 상징하는 색깔의 옷이나 음식을 먹고, 그 오행이 상징하는 숫자를 행운의 숫자로 사용하면 좋다.

목 기운의 색깔은 파란색이고 숫자는 3과 8이다. 화 기운의 색깔은 빨간색이고 숫자는 2와 7이다. 토 기운의 색깔은 노란색이고 숫자는 0(10도 된다)과 5이다. 금 기운의 색깔은 하얀색이고 숫자는 4와 9이다. 수 기운의 색깔은 검은색이고 숫자는 1과 6이다. 사주는 오행이 골고루 있으면 중화된 사주라고 해서 좋다고 해석한다. 그런데 모든 사주가 다 중화되어 있기가 힘들고, 어떤 사주는 한두 오행(五行)으로 구성되어 있기에, 사주에 없는 오행의 색깔을 자주 입거나 사용하고, 사주에 없는 숫자를 부적처럼 비밀번호나 차 번호로 사용하면 좋다고 본다. 이름을 지을 때도 사주에 없는 오행의 기운으로 이름을 지으면 좋다.

일간 임수에게 천간은 관성과 인성으로 관인상생을 한다. 관인상생은 일간을 질서에 맞게 사회화시켜서 사회생활을 잘하게 한다. 그런데 지지를 보면 오묘오(午卯午)가 재성으로 간다. 재성(財星)은 일도 열심히 하고, 돈 욕심이 많고, 몸이 아파도 돈을 벌려고 열심히 노력한다. 그러다가 체력이 약해질 수 있다. 남자라면 대운에서 일간 임수를 돕는 경신임계(庚辛壬癸)가 천간으로 들어와 주어서 그나마 도움이 되지만, 지지로는 진사오미(辰巳午未)로 흐르기 때문에 어려서부터 건강관리를 잘해야 한다. 그래도 대운에서 금(金) 기운과 수(水) 기운이 반반씩 들어와서 일간 임수를 도우니 다행이다.

여자라면 대운이 무인, 정축, 병자, 을해 운으로 흘러서 수(水) 기운이 그래도 돕지만, 갑술(甲戌) 대운에서는 건강관리를 잘해야 한다. 일간 임수를 돕는 금(金) 기운과 수(水) 기운이 약하기에, 건강에 힘써야 한다. 이 사주에서 수 기운이 약하기에 수 기운에 해당하는 자궁, 난소, 허리, 신장, 방광, 무릎, 하체 관리를 잘해야 한다. 짜게 먹으면 안 되고, 과식(過食)하면 얼굴이 붓기에 과식도 조심해야 한다. 이 사주는 여자나 남자나 일 열심히 하고 돈 벌고 하는 생활은 잘하지만, 체력 보강을 위해 보약을 먹어주어야 한다.

이 사주의 남자라면 일간 임수에게 일지의 오화(午火)가 정재(正財)이기에, 아내복이 나쁘지 않다. 남자에게 정재는 아내이다. 일지(日支)는 배우자 자리인데, 배우자 자리에 아내인 정재가 있기에, 이 사주의 남자는 아내복이 있다. 이 사주가 여자라면, 일지(배우자) 자리에 있는 정재는 성실하고 알뜰하기에 살림살이를 잘한다. 정재는 주어진 일을 성실하게 하고 근면하게 사는 능력이다. 다만 사주에 일간 임수를 돕는 수 기운이 약하니까 평소에 물을 많이 먹고, 운동으로 체력을 키우면 좋다.

20. 계미 일주

시주	일주	월주	연주	사주
壬	癸	丁	丁	천간
戌	未	未	卯	지지

이 사주는 양력 1987년 8월 2일 술시(戌時) 사주이다. 남자라면 대운이 역행해서 병오(丙午), 을사(乙巳), 갑진(甲辰), 계묘(癸卯) 운으로 흐르고, 2023년 계묘년 세운 37세에, 현재 갑진(甲辰) 대운이다. 여자라면 대운이 순행해서 무신(戊申), 기유(己酉), 경술(庚戌), 신해(辛亥) 운으로 흐르고, 2023년 계묘년 세운 37세에, 현재 신해(辛亥) 대운이다. 사주는 변하지 않지만, 대운이나 세운이나 월운(月運)이나 일진(日辰)에서 들어오는 간지(干支) 글자에 따라 매일 매 순간 변한다.

계미 일주가 정미 월에 태어나서 일간 계수 입장에서 편재와 편관의 영향을 받는다. 편재는 열심히 벌어서 쓰는 돈으로, 부지런하고 활동력이 좋다. 편관은 일간 계수를 제압해서 사회화시키기에 일간 계수 입장에서 인내심이나 참을성으로 작용한다. 편재는 일간의 기운을 빼서 일간을 약하게 하고, 편관은 일간을 제압해서 일간을 약하게 한다. 사주가 재생관(財生官)이면 일간이 극하고 극 당하기에 체력이 약해져서 신약 사주라고 한다. 월주(태어난 달)가 편재나 편관이면 재생관이 되기에, 이 사주의 일간은 체력이 약할 수 있어서, 건강관리를 어렸을 때부터 해야 한다.

 사주에 편재나 편관이 많으면, 열심히 일하고 열심히 적응하기에 자기주장이 강하지 않고, 주어진 여건에 맞춰서 사는 유연성과 융통성이 좋다. 편재는 벌어서 쓰는 돈이고, 편관은 사회에 적응하기 위해 노력하는 인내심이다. 편재는 편관을 재생관(財生官)하기에 일간 입장에서 일이 많고 참을 게 많지만, 자기 관리만 잘한다면 사회적으로 부자가 되고, 지위도 얻을 수 있다. 다만 재생관으로 체력과 기력이 약해지기에 건강관리는 필수적으로 해야 한다. 편재와 편관은 사회적 인맥도 많고 활동력도 많기에, 평소에 기력 보충을 잘해야 한다.

 일간('나') 계수(癸水)가 정미월(丁未月)에 미토(未土) 일지(태어난 날의 지지)로 태어났다. 일간 계수 입장에서 수(水) 기운이 화(火) 기운으로 마른다. 정화(丁火)도 화 기운이고, 미토(未土)도 한낮의 뜨거운 여름 땅이기에 덥다. 계수는 작은 시냇물인데, 월주(月柱) 정미(丁未)와 일지(日支) 미토(未土)로 말라버린다. 월간(月干)과 연간

(年干) 정화(丁火)는 편재이고, 일지(日支)와 월지(月支) 미토(未土)는 편관이라서 일간 계수는 일하고 참으며 살기에 몸이 아플 수 있다. 이 사주에서 꼭 필요한 오행은 계수(癸水)를 도와줄 임계수(壬癸水)나 지지로 해자축진신(亥子丑辰申)이 운에서 들어와야 한다. 그리고 임수(壬水)는 정화(丁火)를 만나면 정임합목(丁壬合木)을 하기에, 임수보다는 계수가 더 좋은 역할을 한다.

이 사주 일간의 계수는 평소에 물을 많이 마셔야 한다. 계수가 화(火) 기운으로 마르면, 피부는 건조하고, 소화기계가 약하고, 장(腸)도 약하다. 계수는 방광, 신장, 자궁, 난소, 전립선을 상징하기에 계수가 약하면 이런 장기(臟器)에 병이 올 수 있다. 이 사주는 평소에 건강관리를 잘해야 한다. 계수가 상징하는 색은 검은색이기에 검은색 옷을 입는 것도 도움이 된다. 그리고 몸의 습도를 항상 유지해야 아토피나 건조증 같은 피부병에 걸리지 않는다.

시간(時干: 태어난 시간의 천간) 임수(壬水)는 일간 계수에게 도움이 되지 못한다. 임수는 정화를 보면 정임합목(丁壬合木)을 한다. 임수는 지지인 시지(時支: 태어난 시간의 지지) 술토의 지장간 정화와 정임합목을 해서, 목기운으로 변한다. 일간 계수는 수생목(水生木)으로 목 기운에게 자기 힘을 내어주기에 계수에게 시간(時干) 임수는 도움이 되지 못한다. 그래서 이 사주의 일간 계수는 평소에 물을 많이 마시고, 사무실이나 집에서 수생식물을 키우고, 집안의 습도를 조절하면 좋다.

이 사주가 남자라면 어린 시절 대운이 병오, 을사, 갑진 운으로 흐르기에, 일간 계수를 도와줄 경신임계(庚申壬癸)의 기운이 없어서 체력이 약하고, 끈기나 지구력이 약했을 것이다. 어른 말에 거역하지 않고, 모범적으로 잘 자랐다면 다행이지만, 사춘기 때 반항했다면 공부운이 약해서 공부하는 쪽으로 운이 흐르지는 않았을 것이다. 그러나 이 사주는 공부가 싫어도 공부해서 전문 직업인이 되어야 어른이 되어서 인생이 편안하다.

이 사주가 어린 시절이나 학창 시절에 공부하지 않는다면, 예술 쪽으로 능력을 키우면 좋다. 운동이나 체육은 체력이 약해서 안 된다. 음악, 미술, 기획자, 발명가, 디자이너, 창조하는 작업 쪽으로 재능을 키워주면 좋다. 어린 시절 대운이 인성운이나 관성운이 아니고, 식상운이나 재성운이면 일찍 재능을 찾아서 키워주면 좋다. 이 사주의 남자는 어린 시절이 재성운이기에 놀기는 좋아하지만, 체력이 약해서 병치레를 많이 했을 것이다. 이 사주는 어린 시절부터 건강관리만 잘 해도 좋은 일이 생긴다.

이 사주의 여자는 대운이 무신, 기유, 경술, 신해 운으로 흐르기에, 대운에서 경신임계(庚申壬癸)의 운으로 공부운이 좋았을 것이다. 어린 시절에 관성운이나 인성운으로 흐르면, 어른 말 잘 듣고, 공부할 때 공부하고, 모범생으로 자란다. 이 사주가 여자이면, 나름대로 자기 전문직으로 살 수 있다. 여자라면 2023년 계묘년이 37세로 현재 신해(辛亥) 대운이다. 여자에게 결혼운은 관성운이나 식상운이 들어와야 한다. 여자에게 관성은 남편이고, 자식은 식상이다. 신해 대운은 일간 계수에게 편인과 겁재이다. 일간 계수에게 신해 대운은 편인과 겁재이고, 관성 대운이 아니기에 결혼운은 약하다. 그리고 편인은 식상을 극하니까 자식운도 아니다. 일간 계수에게 세운 계묘년이 비견과 식신으로 흐른다. 비견은 건강운이나 인맥운으로 작용하고, 식신은 새로운 일, 새로운 기회, 새로운 시작을 나타낸다.

이 사주는 남자도 결혼운이 약하다. 남자 사주에 재성이 너무 많으면, 결혼하기 힘들고, 결혼해서도 배우자운이 약하다. 남자 사주에서 배우자 운이 있으려면, 일지(태어난 날의 지지)가 정재이고, 일지 정재를 밀어주는 식상이 옆에 붙어 있어야 한다. 이 사주는 식상 없이 재성만 많은 사주라서, 이 사주의 남자도 결혼운은 약하다. 남자 사주에서 재성이 많으면, 한 여자에게만 집중해야 여자복이 좋아진다.

part 3

가을

갑을목은 성장을 멈추고
병정화는 열매를 맛나게 하고
무기토는 생명을 숙성시키고
경신금은 잘 익은 열매로 수확되고
임계수는 시원하게 흐른다

21. 갑신 일주

시주	일주	월주	연주	사주
己	甲	丁	戊	천간
巳	申	巳	午	지지

이 사주는 1978년 5월 22일 사시(巳時) 사주이다. 남자라면 대운이 순행해서 무오(戊午), 기미(己未), 경신(庚申) 운으로 흐르고, 2023년 계묘년(癸卯年)이 46세, 임술(壬戌) 대운이다. 여자라면 대운이 역행해서 병진(丙辰), 을묘(乙卯), 갑인(甲寅) 대운으로 흐르고, 2023년 계묘년 이 46세, 임자(壬子) 대운이다. 일간(태어난 날의 천간으로 '나') 갑목(甲木)이 자기를 도와줄 인성(印星) 수(水) 기운이나 비겁(比劫) 목(木) 기운 없이, 식상(食傷) 화(火) 기운이 강해서, 자기 기운을 목생화(木生火)하면서 바깥으로 내보내기에 체력이 약하다.

이 사주에서 필요한 기운은 수(水) 기운 임계수(壬癸水)와 목(木) 기운 갑을목(甲乙木)이다. 수 기운이 일간 갑목을 살리면서 이 사주에 많은 화(火) 기운을 조절하면 좋다. 갑신 일주 지지에서 일지 신금(申金)의 지장간에 임수(壬水)가 있어서 다행히 갑목에게 도움이 된다. 일지(태어난 날의 지지) 신금(申金)과 시지(태어난 시간의 지지) 사화(巳火)가 만나면 사신합수(巳申合水)가 되어, 일간 갑목에게 수 기운으로 도움이 될 수 있다. 갑목은 시간(時干: 태어난 시간의 천간) 기토와 갑기합토(甲己合土)를 하면서, 주어진 상황에 동화되어 산다. 합(合)은 주변에 적응하는 유연성과 융통성이다. 합(合)은 자기를 고집하지 않으며, 여건에 맞춰서 자기를 중화시켜서 상황에 협력하는 방향으로 나아간다.

갑신(甲申) 일주가 월주(태어난 달) 정사(丁巳) 월에 태어나서 갑목이 수(水) 기운이 없어서 메마르다. 그러면서도 정사(丁巳) 화 기운을 목생화(木生火)로 살려야 하기에 자기를 희생한다. 그래서 체력과 건강이 약하다. 이 사주는 평소에 물을 많이 먹어야 피부염으로 고생하지 않는다. 갑목 나무가 수 기운이 모자라면 아토피 같은 건조증을 앓는다. 신약(身弱)한 갑목이 스트레스를 많이 받으면 두통이나 근육이나 뼈 건강이 약해진다. 갑목은 간, 담, 췌장을 상징하기에, 성인(成人)이 되어서 사회생활을 하게 되면 스트레스를 많이 받으면 간, 담, 췌장이 약해질 수 있다. 간, 담, 췌장이 약하면 일찍 당뇨병을 앓을 수도 있다. 이 사주는 평소에 간에 좋은 음식을 많이 먹고, 피로하지 않게 체력 관리를 잘해야 한다.

이 사주의 연주(태어난 해) 무오(戊午)와 월주(月柱) 정사(丁巳)가 화(火) 기운이기에 어렸을 때, 대운에서 임계수(壬癸水)나 해자축진신(亥子丑辰申) 운이 들어와야 사주가 중화되면서 좋은 방향으로 흐른다. 사주는 음양오행이 골고루 있어서 전체 기운이 중화되면 좋다. 이 사주 남자 대운은 어렸을 때 무오, 기미, 경신 운으로 흘러서 어렸을 때부터 피부염을 앓거나 아토피로 고생하거나, 공부운이 약해서 공부 쪽으로 재능이 발휘되지 않았을 것이다.

사주에 식신과 상관이 많고, 운에서도 식신과 상관과 재성운이면, 식상생재 하는 사주가 된다. 식상생재는 부지런하고, 활동력이 좋고, 친구들과 놀기 좋아하며, 돈 욕심이 있어서, 돈을 버는 데 관심이 많다. 그래서 학교 공부는 소홀히 할 수 있다. 식상생재는 자기가 하고 싶은 공부만 하고, 일만 하려고 하기에 자유 영혼이다. 자유 영혼은 하고 싶은 일만 하기에 행복 만족도는 높은 편이다. 반면에 관인상생은 사회와 어른과 부모가 시키는 대로 살기에 조직과 단체에 적응 잘 하는 영혼이다. 관인상생은 사회와 조직과 부모의 보호에서 편안함을 느끼는 사주이다.

사주에 식상이 많으면 창의적이라서 예능, 방송, 언론, 연예인, 작가, PD 등으로 자기 재능과 기술과 끼를 발휘하는 쪽에서 잘 된다. 식신과 상관은 자기 재능을 바깥세상에 표출하는 능력으로 먹고살 수 있는 기술이다. 식신과 상관은 직설적으로 말을 잘해서, 평론가, 변호사, 작가, 예술인으로도 재능이 있다. 어렸을 때 대운이 식신과 상관 대운이고, 사주도 식신과 상관이 많으면, 학창 시절에 국어 영어 수학 같은 일반 학문을 공부하기보다는, 예술 쪽으로 재능을 키우는 게 좋다. 식신과 상관과 재성(財星)은 일간의 기운을 바깥으로 빼내기에 일간이 잘 먹고 잘 자면서 건강관리를 잘해야 한다. 식상생재는 활동력이 좋아서 돈을 벌 수 있지만, 번 만큼 쓰기에 돈 관리도 잘해야 부자가 된다.

이 사주가 남자라면 2023년 계묘년이 46세이고, 현재 임술(壬戌) 대운이다. 갑신 일주에게 계묘년은 정인운과 겁재운이다. 이 사주에 필요한 수 기운과 목 기운이 계묘년에 들어와 준다. 세운(歲運) 계묘년은 정인운으로 문서운, 승진운, 합격운으로 작용하기에 계묘년이 이 사주 갑신 일주에게 좋게 작용한다. 겁재도 일간 갑목을 건강운으로 도울 수 있다. 대운은 임술 대운이다. 천간 임수(壬水)가 일간 갑목에게 편인(偏印)이라서 좋다. 그리고 임수는 정화를 보면 정임합목(丁壬合木)이 된다. 정임합목이 되어서 일간 갑목을 목 기운으로 도울 수 있다.

이 사주의 남자 갑신 일주에게 임술(壬戌) 대운의 지지인 술토는 좋게 작용하지 않는다. 임술 대운의 지지인 술토는 연지(年支) 오화를 보면 오술합화(午戌合火)가 되고, 월지(月支) 사화를 보면 사술(巳戌) 원진과 귀문관살이 된다. 그리고 일지(日支) 신금을 보면 신유술(申酉戌) 방합이 될 수 있기에 금 기운으로 작용하고, 시지(時支) 사화를 보면 사술 원진과 귀문관살이 된다. 또한 세운(歲運)에서 들어오는 계묘년의 지지인 묘목을 보면, 대운의 지지인 술토는 묘술합화(卯戌合火)가 된다. 이 사주에서 필요한 기운은 목(木) 기운과 수(水) 기운이다. 이 사주에 화(火) 기운이 많은데, 대운에서도 화 기운이 생기면, 이 사주의 남자는 건강관리에 힘써야 한다.

이 사주가 여자라면, 2023년 계묘년은 정인운과 겁재운이라서 좋게 작용한다. 여자라면 대운이 임자(壬子) 대운이다. 임수(壬水)는 월간(月干) 정화와 정임합목(丁壬合木)이 되어서 목 기운으로 이 사주 갑목을 도울 수 있다. 임자 대운의 지지인 자수(子水)는 온전한 수 기운으로 이 사주 일간 갑목을 정인운으로 돕는다. 이 사주에게 필요한 기운은 목 기운과 수 기운이기에, 2023년 계묘년에 이 사주는 여자가 남자보다 편안하게 산다.

22. 을유 일주

시주	일주	월주	연주	사주
辛	乙	丁	己	천간
巳	酉	卯	巳	지지

이 사주는 양력 1989년 3월 26일 사시(巳時) 사주이다. 남자라면 연주(年柱) 천간이 음간(陰干)이라서 대운이 병인(丙寅), 을축(乙丑), 갑자(甲子) 운으로 역행하고, 2023년 계묘년 세운(歲運)이 35세이고, 갑자 대운이다. 여자라면 대운이 순행해서 무진(戊辰), 기사(己巳), 경오(庚午), 신미(辛未) 운으로 흐르고, 2023년 계묘년이 35세, 현재 신미 대운이다. 을유 일주가 정묘 월에 태어나서 식신과 비견의 기운이 있다. 그러나 월지(月支) 묘목이 연지(年支) 사화를 목생화(木生火)하면서 자기 기운을 빼앗기고, 일지(日支) 유금에게 금극목(金剋木)을 당하면, 이 사주 월지 묘목 비견은 힘이 없다. 그래서 비

견의 기운이 약하고, 이 사주는 식상과 관성의 기운이 강하다.

 월지 묘목이 힘이 없으면 묘목에 해당하는 간, 담, 췌장, 관절, 뼈, 근육, 신경계가 약해진다. 이 사주 일간 을목이 이 사주에서 도움을 받을 오행이 없기에 이 사주는 어렸을 때부터 건강관리를 잘해야 한다. 사주가 건강 하려면 사주에 비겁이 한두 개 있어야 한다. 비겁은 신체의 건강함이며, 생활력과 추진력이고, 자신감과 자존감을 나타낸다. 이 사주는 월지 묘목이 있어도, 묘목이 힘이 없기에 평소에 건강관리와 마음 관리를 잘해야 한다.

 이 사주는 대운에서 일간 을목을 도와주는 수(水) 기운이나 목(木) 기운이 들어오면 좋다. 격(格)으로는 월지가 격이기에 비견격이라고 할 수 있지만, 이 사주에서 일간 을목에게 월지 묘목은 큰 힘이 되지 못한다. 비견격의 용신은 비견이 생(生) 할 식상이거나 비견을 제압할 관성인데, 이 사주에서는 관성이 있어서, 나름대로 용신(운에서 들어오는 좋은 간지)은 있다고 볼 수 있다. 그러나 이 사주 비견격은 비견이 약하기에, 비견을 도와줄 인성 수(水) 기운과 비겁 목(木) 기운을 용신으로 보면 된다. 그래서 월지만으로 격을 정하고, 비견, 정인, 식신, 정재, 정관은 생 하는 기운으로 용신을 잡고, 편인, 겁재, 상관, 편재, 편관은 극 하는 기운으로 용신을 잡는다는 이론이 모든 사주에 다 맞는 것은 아니다.

 남자라면 대운이 병인 운으로 흐르는 어린 시절이나, 을축 운으로 흐르는 학창 시절에 힘들게 자랐을 것이다. 어린 시절의 병인(丙寅) 대운은 지지인 인목(寅木)이 천간 병화(丙火)를 목생화(木生火)하는 화(火) 기운의 대운이다. 일간(日干) 을목이 목생화하면서 활동적으로 자랄 수 있어도, 비견과 겁재가 없어서 체력이 약해서 잔병치레를 했을 것이다. 학창 시절인 을축(乙丑) 대운은 대운 천간 을목이 일간 을목을 돕지만, 대운 지지에서 차가운 축토 운이 오면 일지(日支) 유금과 시지(時支) 사화와 대운 지지인 축토가 만나서 사유축(巳酉丑) 삼합으로 금(金) 기운이 된다. 금 기운은 일간 을목에게 편관으로 작용하여, 일간 을목을 간섭하고 제재하기에, 일간 을목 입장에서 스트레스를 많이 받고 자랐을 것이다.

청년 시절인 갑자 대운에서 이 사주의 남자는 건강운, 공부운, 승진운, 합격운이 좋아진다. 대운 천간 갑목은 일간 을목에게 겁재로 힘이 되어주고, 대운 지지(地支) 자수는 일간 을목에게 편인으로 꼭 필요한 수(水) 기운이 되어준다. 이 사주의 남자는 2023년 계묘년이 35세이다. 갑자 대운에 계묘년이니까 이 사주의 남자는 2023년에 좋다. 이 사주에게 필요한 비견과 겁재인 목(木) 기운이 와서 건강운을 좋게 한다. 그리고 일간 을목을 도와주는 수(水) 기운인 자수(子水)와 계수(癸水)가 인성(印星) 운으로 작용하기에 문서운이 좋다. 이 사주의 남자는 2023년에 건강운, 승진운, 합격운이 좋게 작용한다.

이 사주의 남자는 결혼운이 약하다. 남자에게 재성(財星)이 여자이다. 이 사주에서 재성은 연간(年干) 기토 편재이다. 연간 기토가 일간 을목에게서 멀리 있기에, 기토를 도와줄 무기토(戊己土)운이나 지지로 진미술축(辰未戌丑) 운이 들어와야 이 사주 남자는 결혼운이 좋아진다. 운에서 토 기운이 들어와도, 사주 자체에서 기토가 일간 을목에게서 멀리 있기에, 결혼 생활이 다정다감하지 않다. 남자에게 결혼운이 좋으려면 재성이 월주(태어난 달)나 일지(태어난 날의 지지로 일간에게 배우자 자리이다)에 있으면 좋다. 이 사주의 남자는 2024년 갑진년(甲辰年)이 겁재운과 정재운이기에 2024년이 결혼운으로 좋다. 2024년 갑진년의 갑목은 기토와 갑기합토(甲己合土)를 해서 일간 을목에게 재성으로 작용하고, 진토는 묘진합목(卯辰合木)이 되거나 진유합금(辰酉合金)이 되지만, 진토(辰土) 본연의 토 기운이 있기에, 이 사주의 남자는 2023년 계묘년보다는 2024년 갑진년이 결혼운으로 더 좋게 작용한다.

이 사주의 여자는 어린 시절 대운이 무진운(戊辰運)으로 흘러서 일간 을목이 목극토(木剋土) 하는 재성이기에 공부운이 약하다. 어린 시절에는 인성운이나 식상운이 있어야 공부운이 좋게 흐른다. 인성은 배우고 익히는 기운이고, 식상은 바깥으로 자기 재능을 뽐내는 기운이다. 재성운에는 친구들과 재미있게 노는 일을 잘하고, 자기 하고 싶은 대로 행동하기에, 진득하게 앉아서 공부하는 기운이 약하다. 재성(활발한 활동력)은 인성(공부)을 극(剋) 하기에 어린 시절에 재성운이 있으면, 학교 공부를 열심히 하지 않는다. 그렇다 해도 자기가 하고 싶은 공부는 열심히 하고, 배우고 싶은 기술은 열심히 배운다. 어린 시절에 운이 재성운으로 흐르면 일찍 예체능이나 기술자 쪽으로 재능을 찾아주면 좋다. 이 사주는 일간 을목이 기운이 약하기에 체육이나 운동 쪽은 아니고, 예술이나 연예나 기술자 방면으로 재능을 찾아주면 좋다.

이 사주의 여자는 2023년 계묘년이 35세이고, 대운은 신미(辛未) 대운이다. 일간 을목에게 신미 대운은 편관과 편재 대운으로 결혼운과 재물운이 있다. 그런데 이 사주에서 일간 을목은 일지 유금과 시주(태어난 시간의 간지)가 신사(辛巳)이기에, 편관의 기운이 강한 사주이다. 편관은 스트레스를 버티는 인내심이지만, 편관이 너무 많으면 몸이 약해지고 병이 날 수 있다. 그래서 신미 대운(10년간 작용한다)이 또 편관 대운이기에, 이 대운에서 건강관리를 잘해야 한다. 다행히 2023년 계묘년이 일간 을목에게 편인운과 비견운이다. 이 사주에서 필요한 기운은 목 기운과 수 기운이기에 이 사주 여자는 2023년에 건강관리만 잘해도 사주가 좋은 쪽으로 흐를 수 있다.

23. 병술 일주

시주	일주	월주	연주	사주
甲	丙	己	戊	천간
午	戌	未	午	지지

이 사주는 양력 1978년 7월 23일 오시(午時) 사주이다. 남자라면 대운이 순행해서 경신(庚申), 신유(辛酉), 임술(壬戌) 운으로 흐르고, 2023년 계묘년(癸卯年)에 46세, 갑자(甲子) 대운이다. 여자라면 대운이 역행해서 무오(戊午), 정사(丁巳), 병진(丙辰) 운으로 흐르고, 2023년 계묘년에 46세, 갑인(甲寅) 대운이다. 병술 일주가 기미월(己未月)에 태어나서 상관(傷官)의 기운이 강하다. 상관의 장점은 자기 하고 싶은 대로 자유롭게 사는 생활력이고, 자기 재능과 기술이 있다는 점이다. 상관의 단점은 조직이나 단체에 어울리지 못하는 자기 주관성이 강하다는 점이다. 상관은 조직 질서나 단체 규율을 무시하며,

자기 마음에 들지 않으면 불평하면서, 사회적인 상황을 비판하기에 말실수나 구설수가 있다. 사주에 상관 기운이 강하면 말조심을 하는 게 좋다.

자기 마음대로 말하고 행동하는 상관은, 행복하게 살려면 공부를 열심히 해서 자기 나름의 전문직을 갖거나, 선생님, 교수, 강연자가 되거나, 예술, 연예, 방송, 언론 방면에서 일하는 게 좋다. 상관이 어렸을 때 공부하지 않고, 자기 기술이나 재능을 키우지 않고, 놀기만 하면, 자라서는 이 일 저 일 하다가, 자기 사업을 하게 된다. 상관은 허세도 있고, 과장도 있다. 사주에 상관이 많으면 관성(官星)을 극(剋) 하기에 조직 생활을 오래 하지 못한다. 상관은 인정 욕망이 강해서 자기 뜻대로 되지 않을 때는 화가 많고, 단체 생활 같은 조직 내에서는 부적응자일 수 있다. 상관은 상황이 자기 마음대로 되지 않으면 화내고, 그만두고, 다른 일을 찾는다. 사주에 상관이 많으면, 반드시 한 가지 일에서 전문가가 되어야 인생이 편안하다.

이 사주는 화(火) 기운이 많다. 일간 병화(丙火)가 미토월(未土月)에 태어났다. 월지(月支) 미토는 연지(年支) 오화와 오미합화(午未合火)를 한다. 일지(日支) 술토는 시지(時支) 오화와 오술합화(午戌合火)를 한다. 사주의 지지(地支)가 모두 화(火) 기운이다. 이 사주는 일간 병화와 같은 오행인 비겁이 많은 사주이다. 비겁이 많으면 체력이 건강하고 고집이 세고 자기가 하고 싶은 일을 힘있게 추진한다. 그런데 비겁이 많으면 사람을 자기 마음대로 지배하려고 하다가 외톨이가 될 수 있다. 비겁은 타인과 의사소통할 때 자기주장이 강해서 부딪친다. 화 기운이 많은 비겁이 나아갈 곳은 화생토(火生土) 하는 토 기운 식신과 상관이 좋다. 다행히 이 사주는 식신과 상관이 있다. 사주의 운은 생(生) 하는 운이 극(剋) 하는 운보다 좋게 흐른다.

이 사주는 일간 병화가 나아갈 토(土) 기운인 식신과 상관이 있다. 시간(時干: 태어난 시간의 천간) 갑목은 일간 병화를 목생화(木生火) 하기에 이 사주는 화토(火土) 기운만 있는 사주이다. 화 기운이 토 기운으로 자기 기운을 생 하며 빼내지만, 화 기운이 너무 많아 대운에서는 화토 기운을 빼는 금(金) 기운과, 화 기운을 극 하는 수(水) 기운과, 토 기운을 극 할 목(木) 기운이 있으면 좋다. 이 사주에서 수목(水木) 기운은 같이 있는 게 좋다. 목(木) 기운 하나만 있으면, 화 기운을 생(生) 해서 더 강하게 하기에, 수 기운이 많은 수목(水木) 기운이 도움이 된다. 수 기운으로 힘을 받는 목 기운은 토 기운을 누르고, 화 기운을 잠재울 수 있다. 수목 기운이 많은 목 기운은 갑자(甲子) 운이다. 또 수 기운을 도울 금수(金水) 기운인 임신(壬申) 운이 좋을 수 있다.

이 사주 남자는 2023년 계묘년이 46세, 갑자 대운이다. 대운이 경신(庚申), 신유(辛酉), 임술(壬戌), 갑자(甲子)로 흐르기에 화(火) 기운이 조절되면서 살았을 것이다. 갑자 대운은 일간 병화에게 편인과 정관 대운으로 관인상생(官印相生)을 하기에, 일간 병화에게 문서운, 승진운, 명예운이 좋게 흐른다. 그런데 남자 사주에 비겁이 많으면 여자운, 아내운, 결혼운이 약하다. 남자에게 비겁은 재성(남자에게 여자나 아내)을 극 하기에 아내나 여자를 지배하는 기운이 강해서 여자가 힘들어한다. 처음에는 남자가 여자를 보호하는 느낌이 들기에, 여자 쪽에서 남자가 믿을 만하지만, 오래 겪다 보면 남자가 강압적으로 여자를 지배하기에, 여자가 숨이 막히고, 가슴이 답답해서, 비겁 많은 남자를 밀어내게 된다. 그래서 남자 사주에 비겁이 많으면 결혼운이 약해서 혼자 사는 편이다.

사주에 비겁이 많으면 남자나 여자나 배우자운이 약하다. 여자 역시 사주에 비겁이 많으면, 자기 마음대로 하려는 고집이 있기에, 관성(여자에게 남자나 남편)이 극(剋) 해 와도, 관성에 저항하고, 관성의 말을 듣지 않기에, 여자 역시 사주에 비겁이 많으면, 결혼운이 약해서 혼자 사는 편이다. 사주에 비겁이 많으면 일을 열심히 해서 성공하면 좋지만, 비겁이 많아서 자기 고집만 부리면, 나중에는 외톨이가 된다. 비겁은 일간 주변에 있는 혈육, 친척, 지인(知人), 동업자, 사람이지만, 그 사람들이 자기 마음대로 움직이지 않으면 부딪친다. 사주에 비겁이 많으면 자기 고집과 편견을 내려놓고, 타인과 합리적으로 의사소통하면서 타인을 인정해야 외톨이가 되지 않는다.

이 사주는 화(火) 기운이 많기에, 심혈관계와 뇌혈관계가 약하다. 사주는 기운이 강한 오행과 약한 오행 쪽으로 건강이 약해진다. 이 사주는 화 기운이 많기에, 화 기운에 해당하는 심장, 소장, 혈관계를 관리해야 화병도 생기지 않고, 혈압도 관리할 수 있다. 화 기운이 화극금(火剋金) 하면 금 기운이 약해지기에, 금 기운에 해당하는 폐, 대장,

척추, 허리, 어깨도 관리해야 한다. 이 사주에서 가장 약한 기운인 목(木) 기운도 잘 살펴야 한다. 목 기운에 해당하는 장기(臟器)는 간, 담, 췌장, 머리, 뼈대이기에, 술이나 담배 같은 기호 식품은 적절하게 조절해야 건강하게 오래 산다. 이 사주는 너무 많은 화 기운을 조절하려고 수(水) 기운이 사용되면, 수 기운에 해당하는 신장, 방광, 비뇨 생식기도 약해질 수 있으니까, 이 사주는 평소에 물을 많이 마시고, 건강관리를 잘해야 한다. 사주가 한쪽으로 치우쳐 있으면, 건강관리는 기본적으로 잘해야, 나이 들어도 아프지 않고 건강하게 산다.

24. 정해 일주

시주	일주	월주	연주	사주
辛	丁	己	丁	천간
亥	亥	酉	巳	지지

 이 사주는 양력 1977년 9월 27일 해시(亥時) 사주이다. 남자라면 대운이 역행해서 무신(戊申), 정미(丁未), 병오(丙午), 운으로 흐르고 2023년 계묘년(癸卯年) 세운이 47세, 대운은 갑진(甲辰) 대운이다. 여자라면 대운이 순행해서 경술(庚戌), 신해(辛亥), 임자(壬子), 운으로 흐르고 2023년 계묘년이 47세, 갑인(甲寅) 대운이다. 정해 일주가 기유월(己酉月)에 태어나서 식신과 편재가 좋다. 식신은 생활력이고 편재는 식신으로 벌어들이는 재물이다. 지지의 월지(태어난 달의 지지) 유금(酉金)과 일지(태어난 날의 지지) 해수(亥水)는 일간 정화(丁火)에게 천을귀인(인덕, 조력자)으로 재성운과 관성운이 좋아서 이

사주는 무탈하게 잘 산다.

　태어난 연주(태어난 해)가 정사년(丁巳年)이라서 일간 정화에게 비견과 겁재이다. 연주는 어린 시절이기에, 어린 시절이 비견과 겁재이면, 고집이 세고, 자기 독립적이고, 부모의 간섭을 싫어한다. 연주가 비견과 겁재이면 아버지 복이 약하다. 비견과 겁재는 편재(남녀 모두 아버지)를 극(剋) 하기에, 아버지가 경제적으로 넉넉하지 않을 수 있다. 간혹, 사주에 비견과 겁재가 네 개 이상이면 부모가 이혼할 수 있거나, 편부(偏父), 편모(偏母)에게 자랄 수 있다. 월주(태어난 달) 기유월(己酉月)은 일간 정화에게 식신과 편재이다. 월주가 식신과 편재로 식신생재가 되기에, 부지런하고, 일 욕심과 돈 욕심이 있어서, 일찍 경제 관념이 발달하며, 자기 생활력을 충분히 해결하며 산다. 월주 식신생재는 무슨 일이라도 열심히 해서, 먹고 사는 능력이다.

　일주(태어난 날)가 정해(丁亥) 일이면 천을귀인(天乙貴人)이 있어서 살면서 힘들 때 도와주는 상황이나 사람이 있다. 일지(태어난 날의 지지) 해수(亥水)는 일간 정화에게 정관이다. 해수의 지장간에 무갑임(戊甲壬)이 있어서, 일간 정화에게 상관, 정인, 정관이다. 상관은 정인이 극 해서 조절할 수 있고, 정인과 정관이 관인상생(조직에서 인정받는 명예운)을 하기에, 정해 일주는 관인상생으로 조직이나 단체에서 성공할 수 있는 사회성과 인내심이 좋다. 연주(年柱) 정사(丁巳)가 비견과 겁재로 건강운을 돕고, 자립하게 하는 주체성으로 작용하며, 월주(月柱) 기유(己酉)인 식신생재가 부지런하게 일하게 하고, 일주 정해(丁亥) 정관은 자기 책임감으로 단체에 순응하며 착실하게 산다.

이 사주의 시주(태어난 시간) 신해시(辛亥時)는 일간 정화에게 편재와 정관이다. 시지(태어난 시간의 지지) 해수는 일간 정화에게 천을귀인이기에, 말년에도 돈으로 크게 고생하지 않는다. 말년에 편재가 있어서 건강이 허락하는 한 직업 생활을 하면서 돈을 벌고, 정관이라는 직업이 있기에, 말년까지 직업 생활하면서 돈을 벌 수 있다. 이 사주를 보면 목화토금수(木火土金水) 오행(五行)이 골고루 들어 있다. 이렇게 사주에 목화토금수 오행이 골고루 들어 있어야 사는 일이 무난하다. 이 사주에 목 기운은 해수(亥水)의 지장간 갑목(甲木)이다. 이 사주에서 연지(年支) 사화와 월지(月支) 유금이 사유합금(巳酉合金)으로 일간 정화에게 재성이 된다. 이 사주는 재성이 시간(時干) 신금(辛金) 편재도 있기에, 재성이 강한 사주이기도 하다. 일간 정화가 재성을 극 하느라고 몸이 힘들 때, 연주(年柱) 정사가 비겁으로 돕고, 재성이 많아서 돈이 나갈 때, 일지(日支)와 시지(時支) 해수(亥水) 정관이 돈을 관리할 수 있기에, 이 사주는 자기 관리만 잘하면 인생을 편안하게 산다.

이 사주가 남자라면 2023년 계묘년이 47세, 갑진(甲辰) 대운이다. 일간 정화에게 갑진 대운이 나쁘지 않다. 일간 정화에게 갑진은 정인과 상관운이다. 정인은 상관을 극(剋) 하면서 조절하기에, 상관이 상관짓(구설수나 말실수)을 못 하게 하고, 상관의 똑똑함을 빛나게 한다. 상관은 아는 게 많고, 똑똑하기에 잘난 척을 하다가 구설수로 시달린다. 그런 상관을 정인(합리적 객관적 지식)이 극하고 조절하면 상관은 현실적인 똑똑이가 된다. 운에서 정인운이 오면, 문서운, 승진운, 합격운, 인정받는 운이 좋아진다. 정인은 어머니 같은 보호자이기에, 주변 사람들한테 인정받고 사랑받을 수 있다. 정해 일주에게 갑진 대운의 진토는 일지 해수와 대운 지지 진토가 진해(辰亥) 원진(元嗔)과 귀문관살(鬼門關煞)을 짠다. 원진은 화내고 미안해하는 이중 감정이다. 귀문관살은 우울, 불안, 신경증, 편집증, 집착증 같은 마음의 병이다. 원진과 귀문관살은 마음만 잘 다스리고 욕심을 내려놓으면 해결된다. 요즘 같으면 공황장애도 귀문관살의 부류로 볼 수 있다.

이 사주가 여자라면, 2023년 계묘년이 47세, 갑인(甲寅) 대운이다. 일간 정화에게 갑인 대운은 정인(正印) 운이다. 정인 운은 문서운, 합격운, 승진운, 안정적인 기반 생김, 인정받는 운이다. 갑인 대운의 지지인 인목(寅木)은 일지(태어난 날의 지지) 해수와 인해합목(寅亥合木)을 하기에, 이 사주의 여자는 갑인 대운에서 인성(印星)의 지지를 받아 생활이 안정되고, 인간관계도 무탈하고, 건강운도 좋을 것이다. 다만 여자 사주에서 인성이 네 개 이상이면, 인성이 식상(여자에게 자식)을 극 하기에 자식과 부딪치는 일이 있을 것이다. 여자 사주에서 인성이 너무 많으면 자식을 잘 키우려고 과하게 간섭하다가 자식과 부딪치는 일이 생길 수 있다. 그럴 때는 자식의 독립성을 인정하고 자식이 원할 때만 도움을 주면 된다. 자식 일에 일일이 다 간섭하면, 자식이 무능해질 수 있다.

남자나 여자나 이 사주는 2023년 계묘년이 일간 정화에게 편관운과 편인운이다. 편관운은 명예운도 되지만 스트레스를 버티는 운이고, 편인운은 문서운이나 승진운이 좋은 편이다. 이 사주의 일간 정화에게 관성으로는 계수(癸水)가 임수(壬水)보다 좋게 작용한다. 계수는 일간 정화의 화(火) 기운을 누를 수 있고, 정화를 돕는 목(木) 기운을 살릴 수 있다. 임수는 일간 정화를 보면 정임합목(丁壬合木)이 되기에, 임수보다는 계수가 일간 정화에게 수 기운으로 도움이 된다. 지지로는 진자축(辰子丑)이 이 사주의 일간 정화에게 수 기운으로 임수보다 더 좋게 작용한다.

25. 무자 일주

시주	일주	월주	연주	사주
庚	戊	丙	癸	천간
申	子	辰	丑	지지

이 사주는 양력 1973년 4월 22일 신시(申時) 사주이다. 남자라면 대운이 역행하여 을묘(乙卯), 갑인(甲寅), 계축(癸丑) 운으로 흐르고, 2023년 계묘년(癸卯年)이 51세, 신해(辛亥) 대운이다. 여자라면 대운이 순행하여 정사(丁巳), 무오(戊午), 기미(己未) 운으로 흐르고, 2023년 계묘년이 51세, 신유(辛酉) 대운이다. 일주 무자(戊子)는 정재이다. 일간 무토 입장에서 정재는 부지런하고, 착실하고, 알뜰해서 돈으로는 고생하지 않는다. 정재는 일이 많아도 불평하지 않고, 일이 삶이라고 생각한다. 일주 무자(戊子) 정재는 주어진 사회에 적응하면서 모범적으로 자기 삶을 살아낸다.

일간 무토에게 연주(태어난 해) 계축(癸丑)은 정재와 겁재이다. 겁재는 재성을 극(剋) 하는 손재수(損財數)이다. 정재가 겁재 가까이 있으면 돈을 모으지 못한다. 연주(年柱)에 겁재(손재수)가 있다면 부모 대(代)에서 경제적으로 한 번은 망하거나 시련을 겪을 수 있다. 일간 무토는 계수를 보면 무계합화(戊癸合火)를 하는데, 일간(태어난 날의 천간)과 연간(태어난 해의 천간)이 멀어서 합하지 않는다. 월주(태어난 달) 병진(丙辰)은 일간 무토에게 편인과 비견이다. 편인은 어느 한 방면에서 공부를 잘한다. 비견은 건강운, 독립성, 고집, 사람, 친구이다. 월주(月柱)가 편인 비견이면 어느 한 분야에서 먹고 살 수 있는 기술을 가질 수 있다. 편인이나 정인은 인덕, 조력자, 어머니 같은 보호자이다. 인성은 연구원, 교수, 작가, 발행인, 편집인, 기획자 같은 머리 쓰는 일을 잘할 수 있다.

이 사주의 월지(月支) 진토, 일지(日支) 자수, 시지(時支) 신금(申金)은 신자진(申子辰) 삼합으로 수(水) 기운을 만든다. 연지(年支) 축토도 수(水) 기운이 있기에, 이 사주의 지지는 수(水) 기운으로 작용한다. 일간 무토에게 지지의 수 기운은 재성이다. 재성은 일간이 극하기에 일간의 힘이 빠진다. 일간 무토는 재성 수 기운을 극 하면서 돈을 벌기에, 일복이 많고, 평생 일만 하면서 보낼 수 있다. 재성은 돈을 버는 능력이다. 일간 무토는 돈을 버느라고 체력이 약해진다. 이 사주 일간 무토는 일만 열심히 하면서 평생을 보낸다. 월간(月干) 병화는 지지의 수 기운과 연간(年干) 계수에 의해서 있으나 마나 한 화(火) 기운이다. 일간 무토에게 병화는 편인인데, 편인은 어머니다. 이 사주에서 어머니는 몸이 약하거나 아프거나 어머니와 인연이 약할 수 있다. 편인 병화가 주변의 수(水) 기운으로 맥을 못 추기에, 병화가 상징하는 심장, 소장, 혈관계 질병인 대사질환에 약할 수 있다.

이 사주에서 편인 병화가 맥을 못 추기에 공부운이 약하다. 편인 병화가 수(水) 기운 재성에게 재극인(財剋印)을 당하기에, 공부보다는 돈 버는 일에 집중하는 사주이다. 학창 시절에도 돈을 벌기 위해 아르바이트를 하면서 자기 생활비를 벌었을 것이다. 사주에 재성이 많으면, 재다신약(財多身弱)이 되기에 평소에 건강관리를 잘해야 한다. 일간 무토가 나타내는 소화기계나 위장, 비장을 관리해야 하고, 수(水) 기운이 나타내는 비뇨 생식기나 신장, 방광, 허리 같은 신체 부위를 관리해야 한다. 사주의 병은 그 오행이 너무 없어도 병이 생기고, 그 오행이 너무 많아도 병이 생긴다. 재다신약은 건강이 약하기에 살면서 건강을 제일 원리로 하고 건강관리를 잘해야 한다. 재다신약은 돈 욕심이 많아서 일을 벌이다가 있는 돈까지 날려버릴 수 있다. 재다신약 사주는 돈을 투자하거나 일을 벌일 때 신중하게 생각해야지, 충동적으로 돈을 쓰면 돈을 벌 수 없다.

이 사주가 남자라면 사주에 재성이 너무 많아서 여자와 돈을 조심해야 한다. 재성은 남자에게 여자이다. 남자 사주에 여자인 재성이 네 개 이상이면, 바람을 피우거나, 결혼해도 아내복이 없는 편이고, 주변에 여자가 많아도, 자기를 진정으로 사랑해줄 여자를 만나지 못한다. 재성이 많은 남자는 여자에게 성실하지 못하고, 있어도 그만 없어도 그만 같은 태도로 여자를 만나기에 한 여자에게 오랫동안 사랑받지 못한다. 사주에 재성이 많으면, 남자는 한 여자만 진실하게 사랑해야 여자복, 아내복을 누릴 수 있다. 남자 사주에 재성이 많으면 돈도 잘 모으지 못한다. 재성이 많아서 일은 열심히 하지만, 돈이 모이지 않고 나갈 곳이 많고, 씀씀이도 헤퍼서, 자기도 모르게 낭비할 수 있다. 사주에 재성이 많으면 알뜰하게 돈 관리를 하고 저축을 해야 돈을 모을 수 있다. 사주에 재성이 많으면 주식이나 가상화폐 같은 투자에 돈을 겁 없이 투자하는데, 손해 볼 수 있기에 투자할 때는 신중하게 해야 한다.

이 사주가 여자라면 재성이 너무 많아서 일만 열심히 하지, 돈이 잘 모이지 않는다. 재성은 돈인데, 사주에 재성이 많으면 대출까지 해서 일을 벌이다가 빚을 질 수 있다. 재성이 많은 사주는 투자를 할 때 남의 말을 믿지 말고, 이익이 될지 손해가 될지 잘 따져서 투자해야 한다. 재성은 낭비도 잘하고 사치도 잘한다. 재성은 겉멋을 추구하기에 멋쟁이이고, 사람들에게 오지랖이 있어서 주변에 사람이 많지만, 나중에 돈이 없어지면 친구들도 잃을 수 있다. 여자 사주에 재성이 많으면 재성이 관성을 재생관(財生官) 하기에 남자에게 잘하지만, 남자는 여자가 돈이 없으면 그 여자를 떠날 수 있다. 관성(官星)은 여자에게 남자이다. 재성이 많은 여자는 남자에게 돈을 잘 쓰는데, 남자에게 돈을 쓰기 전에, 자기를 오랫동안 사랑해 줄 남자인지 알아보아야 한다.

2023년 계묘년 운에서 일간 무토는 정재 계수와 무계합화(戊癸合

火)를 하기에 재물운이 좋은 편이고, 정관 묘목이 명예운, 승진운, 인정받는 운으로 작용하기에 2023년 계묘년이 일간 무토에게는 무탈하다. 그런데 이 사주가 남자라면 2023년 계묘년이 일간 무토에게 정재운이라서 여자를 조심해야 한다. 사주에 재성이 많은데, 세운(歲運)에서 정재운이 들어오면 유부남은 바람날 수 있기에, 여자를 조심해야, 바람나지 않고 무난하게 지나간다. 이 사주는 사주에 수(水) 기운이 많기에 수 기운을 **빼낼** 목화토(木火土) 운이 좋게 작용한다. 일간 무토에게 목화토(木火土) 운은 관성운, 인성운, 비겁운이다.

26. 기축 일주

시주	일주	월주	연주	사주
庚	己	戊	甲	천간
午	丑	辰	子	지지

이 사주는 양력 1984년 4월 25일 오시(午時) 사주이다. 남자라면 대운이 순행해서 기사(己巳), 경오(庚午), 신미(辛未), 임신(壬申) 대운으로 흐르고, 2023년 계묘년(癸卯年)이 40세, 임신(壬申) 대운이다. 여자라면 대운이 역행해서 정묘(丁卯), 병인(丙寅), 을축(乙丑), 갑자(甲子) 운으로 흐르고, 2023년 계묘년이 40세, 갑자(甲子) 대운이다. 사주를 볼 때, 연주(태어난 해)와 월주(태어난 달)는 일간(나)을 통제하는 외부의 힘이다. 연주(年柱)는 어린 시절이고, 월주(月柱)는 청소년 시절이다. 어린 시절과 청소년 시절은 부모나 사회의 말을 듣고 자라는 시기로, 일간인 '내'가 수동적인 역할을 한다. 일간(日干)

은 연주(年柱)와 월주(月柱)의 지배를 받고, 시주(時柱)는 일간이 지배할 수 있다.

일주(日柱)는 성인(成人)이 된 '나'로 '내' 의지로 좌지우지할 수 있는 삶의 영역이다. 시주(時柱)는 일간 '내'가 관리할 수 있는 성인(成人) 이후의 삶이다. 연주와 월주로 부모와의 관계와 사회적 모습을 읽을 수 있다. 일주(태어난 날)와 시주(태어난 시간)로 '나'와 '내'가 만난 배우자와 자식과의 관계를 읽을 수 있다. 일주는 오로지 '나'의 의지이며, '내'가 사회적 가정적으로 살아내는 삶이다. 시주는 자식과 미래의 운을 알려준다. 일주와 시주는 '내'가 능동적 역할을 할 수 있는 공간이다. 흐르는 대운이나 세운은 일간인 '나'에게 들어오는 운이다. 사주는 사주 자체인 공간과 들어오는 운인 시간이 만나서 관계 맺으며 변하는 시공간이다. 일간(태어난 날의 천간)은 '나'이다. '나'는 들어오는 운에 따라서 수동적으로 혹은 능동적으로 변화변동 하면서 삶을 살아내는 운전자이다.

이 사주 기축(己丑) 일주는 무진월(戊辰月)에 태어나서 겁재(劫財)의 기운이 강하다. 겁재는 돈을 벌어도 혈육이나 지인에게 돈을 **빼앗**기는 기운이다. 혹은 주식이나 부동산에 투자를 잘못해서 손해 보는 돈이 겁재이다. 겁재는 추진력과 독립심이 좋고, 고집이 세서, 자기 생각대로 행동하고 말하다가 손재수나 구설수를 당할 수 있다. 겁재는 돈을 벌어도 돈이 나가기에 사주에 겁재가 있다면, 돈 관리를 잘하고, 돈을 쓸 때, 이 돈을 꼭 써야 하는지 생각해보고 투자를 하든, 소비하든, 돈을 남에게 빌려주든 신중하게 돈을 관리해야 한다.

겁재는 혈육에게 돈을 주기도 하며, 혈육이나 지인에게 잘해준다. 그 대신 겁재는 재물을 지배하는 능력도 되기에, 사주에 겁재가 있다면 사람을 지배하려고 하며, 지는 것을 싫어하기에, 인간관계에서 갈등이 있다. 사주에 겁재가 하나이면 일간에게 도움이 되지만, 겁재가 두 개 이상이면 일간의 재물을 빼앗아 가는 혈육, 친척, 지인으로 변한다. 겁재는 일간을 외롭지 않게 하는 사람도 되지만, 겁재가 두 개 이상이면 일간에게 손해를 입히는 대상도 된다. 겁재는 일간에게 아주 친한 사람도 되지만, 그 사람에게 배반당할 수도 있다.

이 사주 월주(月柱) 무진(戊辰)는 일간(日干) 기토(己土)에게 겁재이기에, 이 사주는 돈을 벌어도 혈육과 지인에게 나눠주거나 빼앗길 수 있다. 그런데 연간(年干) 갑목이 월간(月干) 무토를 목극토(木剋土) 하면서 겁재를 다스리기에, 겁재가 긍정적인 역할을 할 수 있다. 일간 기토의 정관인 갑목에게 겁재 무토가 목극토 당하면, 겁재는 좋은 역할을 하는 사람으로 변한다. 그래서, 이 사주의 겁재는 손재수나 관재수로 작용하지 않고, 건강운이나 혈육운으로 작용할 수 있다. 시간(時干) 경금(庚金)은 일간 기토에게 상관이라서 성인(成人)이 된 후에는 이 사주는 관성의 지배를 싫어해서 자기가 하고 싶은 일을 하기에 사업하는 사주이다.

사주가 겁재와 상관으로 구성되어 있으면 자기가 하고 싶은 일을 하면서 돈을 번다. 상관은 관성(단체나 조직)을 극(剋) 하기에 관성과 잘 지내지 못하고, 자유롭게 자기가 하고 싶은 일을 하면서 산다. 연지(年支) 자수(子水)와 월지(月支) 진토(辰土)는 자진합수(子辰合水)를 하기에 일간 기토에게 재성(財星)이다. 재성은 돈 욕심이 있어서, 생활력이 강하고, 돈 버는 일을 부지런히 한다. 그래서 이 사주는 돈을 벌 수 있다.

일지(日支) 축토(丑土)와 시지(時支) 오화(午火)는 축오원진살, 축오귀문살, 축오탕화살을 짜기에 마음이 불안하고 우울하고 공황장애 같은 신경증을 앓을 수 있다. 오화가 축토를 만나면 화(火) 기운을 잃어버리고, 축토 속의 축축한 수(水) 기운으로 변해버리기에, 이 사주 시지(時支) 오화는 병이 든다. 오화는 심장, 뇌, 혈관계, 소장을 상징하기에, 이런 장기에 병이 날 수 있다. 그래서 햇살을 자주 보고, 심혈관계를 건강하게 해야 대사증후군(고혈압, 당뇨, 고지혈)으로 고생하지 않을 수 있다.

이 사주에서 일간 기토에게 오화는 편인(偏印)이다. 편인은 어머니, 공부, 자격증, 문서, 인맥, 조력자를 의미한다. 시지(時支)에 있는 오화 편인은 이 사주의 중장년기 이후의 편인이다. 시지(時支)에 오화 편인이 있으면, 늙어서 어머니를 모시고 살아야 하거나, 혹은 어머니에게 유산을 물려받을 수 있는 복도 있다. 편인은 문서운이나 공부운이기에, 말년에 이것저것 배우면서 학문을 즐길 수도 있다. 그런데 시지(時支) 오화가 일지(日支) 축토에게 화생토(火生土) 하면서 자기 기운을 빼앗기기에, 어머니의 건강은 약할 수 있다. 그리고 문서운도 약해질 수 있으니까, 되도록 문서 변동을 하지 않는 게 재산을 지키는 길이다.

이 사주가 여자라면 남편운이 약하다. 여자에게 남편은 관성이다. 일간 기토에게 관성은 갑을목(甲乙木)이다. 이 사주에서 갑목 정관은 연간에 있어서, 일간 기토에게서 멀리 있어서 인연이 약했을 것이다. 을목 편관은 월지(月支) 진토의 지장간에 있다. 그런데 이 을목은 연지 자수와 월지 진토가 자진합수(子辰合水)가 되어서 힘이 없다. 갑을목이 힘이 없으니 이 여자 사주는 갑자 대운 전에는 결혼했어도 이혼할 수 있다. 2023년 계묘년이 40세이고 갑자 대운이다. 이 대운에서 정관 갑목이 들어온다. 그러면 이때 들어온 남자와 결혼하는 게 좋다. 갑자 대운이라서 연간 갑목이 힘을 받으면, 일간 기토에게 정관운이 좋아진다. 이 사주의 여자는 40세 전에 결혼하지 말고 갑자 대운에서 결혼하면 좋다.

27. 경인 일주

시주	일주	월주	연주	사주
乙	庚	甲	甲	천간
酉	寅	戌	寅	지지

 이 사주는 양력 1974년 10월 16일 유시(酉時) 사주이다. 남자라면 대운이 순행하기에, 을해(乙亥), 병자(丙子), 정축(丁丑) 운으로 흐르고, 2023년 계묘년 세운(歲運)이 50세, 기묘(己卯) 대운이다. 여자라면 대운이 역행해서 계유(癸酉), 임신(壬申), 신미(辛未) 운으로 흐르고, 2023년 계묘년 세운이 50세, 기사(己巳) 대운이다. 이 사주는 재다신약(財多身弱) 사주이다. 재다신약은 돈 벌기 위해서 열심히 일하지만, 몸이 약해서 병치레를 할 수 있다. 사주에 재성(財星)이 많다고 해서 돈이 많은 것은 아니다. 재성이 많다는 것은 일만 열심히 하지 돈이 잘 모이지 않는다. 재성이 많다는 것은 돈이 나갈 일도 많다는

의미도 된다. 재다신약 사주는 아무리 돈을 벌어도 돈이 모자란다.

사주에 재성이 많다는 의미는 이 일 저 일 직업 변화가 많고, 투잡 쓰리잡으로 돈을 벌어도 결산하고 나면 자기 인건비(人件費)나 혹은 생활비 정도만 번다. 사주에 재성이 많으면 소비도 많이 하고 낭비가 심하기에 돈이 모이지 않는다. 사주에 재성이 많으면, 돈을 벌면 쓰지 말고 저축해야 돈이 모인다. 그리고 한 가지 직업에서 전문가가 되어야 돈이 붙는다. 재성이 많으면 재주도 많아서 이 일 저 일 열심히 하는데, 부업으로 하는 일 외에, 본업이 있어야 돈을 벌 수 있다. 사주에 재성이 많으면 분주하고 성급하다. 재성은 비겁이 극(尅) 해서 통제하는데, 재성을 통제할 비겁이 사주에 없으면 일복만 많지, 몸은 피곤하다. 재다신약 사주는 보통은 자기 사업을 하지만, 만약에 자기 능력이 약하면, 남의 밑에 가서 월급 생활을 하는 게 더 안정적이다.

이 사주의 남자는 어린 시절이 을해(乙亥) 운, 병자(丙子) 운으로 흐르기에, 몸이 약했을 것이다. 을해 운은 연주(年柱) 갑인(甲寅)을 도와서 목(木) 기운으로 움직인다. 이 사주 일간 경금(庚金)에게 목 기운은 재성으로, 어린 시절이 재성운이면, 공부운과 거리가 멀어서 공부하지 않고, 친구들과 놀기를 더 좋아했을 것이다. 그러나 밖에서 실컷 뛰어놀고 집에 오면 피곤하고 힘들어서 밥 먹고 누워 잠자기를 했을 것이다. 어린 시절 대운이 재성운이면 공부보다는 놀기는 좋아한다. 그래서 어린 시절 운이 재성운이면, 부모는 아이에게 목표 의식을 심어주고, 학습에 충실하도록 잘 이끌어주어야 한다.

이 사주의 연지(年支) 인목과 월지(月支) 술토는 오화(午火) 운이 들어오면 인오술(寅午戌) 삼합을 해서 화(火) 기운이 되면, 일간(日干) 경금을 관성으로 녹이기에, 일간 경금 입장에서 재성으로 힘을 빼고, 관성으로 극을 당하면 몸이 아프거나 스트레스를 심하게 받는다. 이 사주 일간 경금을 도와주는 오행은 경신금(庚辛金) 비겁(比劫)과 무기토(戊己土) 인성(印星)이다. 이 사주는 대운에서 재성운이나 관성운이 들어오면 몸에 병이 나거나 정신력이 약해진다. 다행히 월지 술토의 지장간에 신금(辛金)이 있고, 시지(時支) 유금(酉金)이 일간 경금을 도울 수 있다. 그러나 술토가 오화를 만나면 인오술 화 기운으로 변하고, 시지 유금은 일지(日支) 인목과 인유(寅酉) 원진살을 짜기에 유금 자체가 온전히 일간 경금을 돕지 못한다. 그래도 없는 것보다는 있는 게 나으므로 일간 경금에게 시지(時支) 유금이 도움은 된다.

이 사주가 남자라면 일간 경금(庚金)에게 재성(남자에게 여자)이 너무 많아서 아내복, 결혼복, 여자복이 없다. 남자에게 여자복이나 아내복이 좋으려면 재성이 천간(天干)에 하나, 지지(地支)에 하나만 있는 게 좋다. 그것도 월주(月柱)나 시주(時柱)에 있어야 좋다. 남자 사주에서 재성이 연주(年柱)에 있으면, 아내와 가깝게 지내지 못하고, 주말부부나 혹은 부부 사이가 좋지 않다. 혹은 결혼하지 않을 수도 있다. 남자 사주에 재성이 너무 많으면, 이 여자 저 여자에게 관심을 가지면서 어느 한 여자에게 집중하지 못해서 여자들이 다 떠난다. 사주에 재성이 많은 남자는 한 여자에게만 잘해주어야 한다. 모든 여자에게 잘해주면 여자들이 곁에 있지 않고, 나중에는 혼자 살게 된다.

이 사주가 여자라면 재성이 너무 많아서 일만 열심히 하고, 돈을 벌어도 사치와 낭비로 쓰기 바빠서 돈이 모이지 않거나 혹은 가족에게 돈을 빼앗길 수 있다. 사주에 재성이 너무 많으면 돈을 숨기거나 적금이나 예금을 해야 돈을 벌 수 있다. 재성이 하나이면 알뜰하게 돈을 모으는데, 재성이 네 개 이상이면, '돈은 벌면 되지.' 하는 마음으로 돈을 쓰기에 돈이 없을 수 있다. 재성이 많으면 여기저기 투자해서 돈이 묶여 있고, 현금 재산은 없을 수 있다. 사주에 재성이 네 개 이상이면, 배포(排布)도 커서 대출까지 해서 사업을 벌일 수 있는데, 그런 일은 정말로 신중하게 생각하고 일을 벌여야 한다. 여자 사주에 재성이 많으면 남자에게 물질적으로나 정신적으로나 잘해주지만, 남자에게 사랑받지 못할 수 있다. 재성(여자에게 돈)이 관성(여자에게 남자)을 생(生) 하지만, 관성(여자에게 남자)이 그 여자를 위해 헌신할지는 남자 사주를 봐야 안다.

여자든 남자든 사주에 재성이 많으면 돈 쓰기를 좋아해서 주변에 사람이 많지만, 진실로 자기를 위해줄 사람은 없다는 것을 알고, 인간관계를 돈으로만 하지 말고, 마음으로 맺는 관계를 중시해야 한다. 이 사주 일간 경금은 재성으로 힘을 빼기에 체력이 약할 수 있으니까, 항상 체력 관리를 잘해야 한다. 사주는 사주에 많은 오행이나, 극을 하는 오행이나 극을 당하는 오행으로 병이 난다.

이 사주에서 일간 경금은 갑을목을 극(剋) 하느라고 힘이 없다. 힘이 없으면 병이 나는데, 경금에 해당하는 장기는 폐, 대장, 척추, 뼈이다. 이런 장기에 병이 나기에 담배는 피우지 말고, 대장에 좋은 음식을 먹어야 한다. 경금에게 극 당하는 갑을목에 해당하는 간, 담, 췌장, 머리, 뇌혈관도 관리해야 한다. 그리고 이 사주에 많은 갑을목이 극 하는 토(土) 기운의 장기도 관리해야 한다. 토 기운의 장기는 소화기계, 위, 비장, 허리, 근육이다. 평소에 근육 운동을 해서 뼈를 튼튼히 하는 게 이 사주의 건강을 좋게 만든다.

28. 신묘 일주

시주	일주	월주	연주	사주
癸	辛	庚	戊	천간
巳	卯	申	寅	지지

이 사주는 양력 1998년 8월 12일 사시(巳時) 사주이다. 남자라면 대운이 순행해서 신유(辛酉), 임술(壬戌), 계해(癸亥) 운으로 흐르고, 2023년 계묘년 세운(歲運)이 26세, 임술(壬戌) 대운이다. 대운은 10년간 사주와 생극제화(生剋制化), 합형충파해(合刑沖破害) 하면서 역동적으로 엮이며 운을 흐른다. 여자라면 대운이 역행해서 기미(己未), 무오(戊午), 정사(丁巳) 운으로 흐르고, 2023년 계묘년 세운(한 해의 운)이 26세, 정사(丁巳) 대운이다. 일간 신금(辛金)이 경신월(庚申月)에 태어나서 겁재의 기운이 강하다. 겁재는 사람, 혈육, 친구, 건강함, 추진력, 경쟁력, 승부욕을 나타낸다. 겁재는 겁 없이 앞으로 나

아가는 힘이다. 겁재는 먹고사는 일을 어떻게든 해결하는 활동력이며 절망과 좌절을 딛고 꿋꿋하게 나아가는 힘이다.

연주(태어난 해)나 월주(태어난 달)에 겁재가 있다면, 겁재는 편재(아버지)를 극(剋) 하기에, 아버지가 아프거나 경제력이 약하거나, 부모가 사이가 좋지 않아 이혼해서, 홀로 자수성가하는 편이다. 월주나 연주에 겁재가 있다면 부모 대에서 한 번은 망하거나, 부모 복 없이 혼자서 삶을 살아내는 편이다. 사주에 겁재가 많으면 무슨 일이든 혼자 결정하면서 누구도 의지할 사람 없이, 혼자 살아내는 운명이고, 나중에 자립해서는 부모까지 먹여 살리기도 한다. 사주에 겁재가 네 개 이상이면, 주변에 사람은 많아도 본인이 보살펴야 할 사람들이지, 본인을 도와줄 사람은 없는 편이다. 그런데 사주가 겁재와 상관으로 구성되어 있으면, 자기 객관화가 되지 못하고, 자기 고집에 갇혀 살기에 조직 생활을 하지 못해서, 자기 사업을 하는 편이다. 사주가 겁재와 상관으로 구성되어 있으면, 타인을 배려하고 이해하는 연습을 해야 주어진 사회에서 무난하게 살아진다.

일간(나) 신금(辛金)에게 연주(年柱)가 무인(戊寅)이다. 일간 신금(辛金)에게 연간(年干) 무토는 정인으로 어머니, 연지(年支) 인목은 정재로 아내이다. 연지 정재가 연간 정인을 재극인(財剋印) 하므로 이 사주의 어머니는 착하고 순한 편이다. 연간(年干) 무토는 월간(月干) 경금을 토생금(土生金)으로 먼저 생 한다. 연간 무토는 일간 신금(辛金)을 생 하기보다 월간 경금(庚金)을 먼저 생 하기에, 일간 신금

(辛金) 입장에서 형제자매(겁재)에게 어머니의 사랑을 빼앗기거나, 어머니의 사랑을 다른 형제자매보다 덜 받았을 것이다. 비견과 겁재는 형제자매도 상징한다. 이 사주는 일간 주변에 사람들이나 형제자매들이 있어서 외롭지 않고, 월주(月柱)가 겁재이면 신체가 건강하고, 웬만해서는 기죽지 않고 세상을 살아낸다.

일간 신금(辛金)에게 연지(年支) 인목(寅木) 정재는 월지(月支) 신금(申金)에게 인신충(寅申沖)을 당해서 힘이 없다. 정재는 남자에게는 아내이고, 남녀 모두에게는 성실하게 번 돈이다. 정재 돈을 월지 신금(申金) 겁재가 가져가기 때문에 일간 신금(辛金)의 돈이 되지 못한다. 이 사주가 남자라면 좋아하는 애인을 친구나 다른 남자에게 빼앗길 수도 있다. 이 사주가 여자라면 자기가 번 돈을 형제자매나 친구에게 빼앗길 수 있다. 월주가 겁재이고, 월주 주변에 재성(財星)이 있으면, 자기가 번 돈을 다른 사람에게 빼앗길 수 있으니까, 돈 관리를 잘해야 한다.

일간 신금(辛金)에게 아버지는 일지(日支)에 있는 묘목(卯木) 편재이다. 아버지가 일지(태어난 날의 지지)에 있어서, 이 사주 일간 신금(辛金)은 아버지 말을 거역하지 못하거나, 평생 아버지를 모시고 살거나, 아버지와 인연이 가깝다. 일간 신금(辛金)은 남녀 모두 아버지의 영향력을 받고 산다. 그런데 일지(日支) 묘목은 월지 신금(申金)에게 금극목(金剋木)을 당하고, 묘신(卯申) 원진살과 묘신(卯申) 귀문관살을 짜기에, 이 사주 일간 신금(辛金)은 아버지와 사이가 좋지 않을 수 있다. 원진살은 미움과 사랑을 동시에 가지고 있는 이중 감정이기에 서로가 힘들어도 헤어지지 못하고 같이 살게 된다. 귀문관살은 신경이 예민해서 불안하고 우울하고 근심과 걱정이 많다. 일지(日支)가 편재이면 일을 부지런히 하지만, 돈이 잘 모이지 않을 수 있으니까, 돈을 벌면 알뜰하게 쓰고, 저축해야 돈이 모인다.

이 사주가 남자라면 2023년 계묘년(癸卯年)이 26세, 임술(壬戌) 대운이다. 이 사주는 금(金) 기운이 강한 사주라서, 금 기운이 생(生)해주는 수(水) 기운이 필요하다. 계묘년의 계수(癸水)도 수 기운이고, 임술(壬戌) 대운의 임수(壬水)도 수 기운이다. 천간으로 들어오는 수 기운이 이 사주 신금(辛金) 일간에게 식신과 상관으로 작용하기에, 2023년에 무언가 새로운 공부를 하거나, 취업해서 돈을 버는 운으로 작용한다. 식신과 상관은 먹고사는 일에 관련된 활동력으로 일을 하는 원동력이다. 식신과 상관은 바깥 활동을 하면서 자기 밥벌이를 하는 능력으로 사주에 식신과 상관이 있다면, 먹고사는 문제만은 자기 스스로 해결한다. 이 사주가 남자라면 2023년 계묘년의 묘목이 편재이기에, 아버지가 하는 일이 잘될 수 있다. 그리고, 편재는 남자에게 연애운도 되기에, 연애도 할 수 있다.

이 사주가 여자라면 2023년 계묘년(癸卯年)이 26세, 정사(丁巳) 대운이다. 일간 신금(辛金)에게 계묘년은 식신운과 편재운이다. 식신이 편재를 생(生) 하기에 하는 일에서 돈을 벌 수 있다. 그리고 대운이 정사(丁巳) 대운이라서 여자에게는 관성운이기에, 직업운이나 남자운이나 연애운이 좋아진다. 정사 대운은 일간 신금(辛金)에게 편관과 정관이다. 편관과 정관은 여자에게 남자이고, 직장운이다. 사주에 관(官)이 있냐 없냐 할 때의 관(官)이 관성으로 직업운이다. 농경사회 때는 관성이 관직(官職)이기에, 지금으로 말하면 국가 일을 하는 공무원이다. 그래서 관성이 직업운이고, 여자에게는 남편이나 애인이나 남자가 된다. 이 사주의 여자는 현재 대운이 관성 대운이기에, 이 시기에 결혼도 할 수 있고, 연애도 할 수 있고, 직업도 안정될 수 있다.

이 사주에서는 시간(時干) 계수(癸水)가 제일 약하기에, 수 기운에 해당하는 비뇨 생식기, 신장, 방광, 허리, 무릎이 약해질 수 있으니까 이 부분의 신체에 건강관리를 하면 좋다. 사주에서 병(病)은 가장 약한 오행이, 그리고 가장 강한 오행이, 그리고 강한 오행(五行)에게 극(剋) 당하는 오행이 병이 난다.

29. 임진 일주

시주	일주	월주	연주	사주
戊	壬	丙	戊	천간
申	辰	辰	辰	지지

이 사주는 양력 1988년 4월 7일 신시(申時) 사주이다. 남자라면 대운이 순행해서 정사(丁巳), 무오(戊午), 기미(己未), 경신(庚申) 운으로 흐르고, 2023년 계묘년 세운(歲運)이 36세, 기미(己未) 대운이다. 여자라면 대운이 역행해서 을묘(乙卯), 갑인(甲寅), 계축(癸丑), 임자(壬子) 운으로 흐르고, 2023년 계묘년이 36세, 임자(壬子) 대운이다. 임진 일주가 병진 월에 태어나서 편재와 편관의 기운이 강하다. 사주 전체적으로 토(土) 기운이 많아서 관성(官星)이 기운이 강하다. 지지의 진토는 12운성으로 임수(壬水)의 묘지이다. 묘지는 임수가 일 년 열두 달 열심히 일하고 쉬는 공간이다. 연지(年支), 월지(月支), 일지

(日支)의 진토(辰土)는 일간 임수에게 토 기운으로 관성의 역할도 하지만, 관성이 묘지에 있기에, 일간 임수를 강하게 제압하지 않는다. 관성은 일간을 제압해서 사회화시키는 일을 한다. 사주에 관성이 있어야 사회화되어서 주어진 환경이나 상황에 순응한다.

이 사주 일간 임수에게 지지의 진토라는 관성은 크게 영향을 끼치지 못한다. 진토의 지장간에 을계무(乙癸戊)가 있는데, 일간 임수 입장에서 을목은 상관, 계수는 겁재, 진토는 편관이다. 임수 일간에게 을목 상관은 먹고살 수 있는 생활력이고, 계수 겁재는 일간 임수에게 수원지가 되어주고, 진토 편관은 일간 임수를 상황에 맞게 행동하도록 간섭하는 기능을 한다. 일간 임수에게 지지의 진토는 주어진 사회에 적응하도록 돕는 편관이다. 그리고 진토는 운에서 신자(申子) 운이 들어오면 신자진(申子辰) 삼합이 되어서 수(水) 기운으로 변해서, 일간의 기운을 강하게 만들어준다. 십이운성에서 묘지는 여태까지 열심히 일했으니, 이제 조금 쉬어가는 안정적인 공간이다.

일지(日支)가 일간의 묘지이면 일간이 힘이 없는 게 아니라, 일간이 쉬면서 자기 에너지를 충전하며 겸허하게 주어진 상황에 순응하는 능력이 된다. 묘지라고 해서 무덤에 갇힌다는 부정적 의미로 해석할 필요가 없다. 사주에 묘지가 있어야 쉬기도 하고, 쉴 장소도 있고, 의지할 사람도 있으며, 인생을 너무 열심히 살지 않아도, 먹고살 수 있는 능력이 있다. 이 사주는 편관이 많은 사주이다. 사주에 편관이 많으면 편관을 극 하는 식신과 상관이 있어야 좋다. 식신과 상관은 편관을 제압해서 부드러운 편관으로 만든다. 그런데 이 사주에서는 진토의 지장간 을목이 상관 역할을 하기에, 이 사주의 편관은 일간 임수를 강하게 제압하지 않고, 부드럽게 제압하기에 일간 임수가 나름대로 사회생활을 하면서 건강하게 살 수 있다.

이 사주에서 월간(月干) 병화(丙火)는 일간 임수에게 편재이다. 편재는 아버지이다. 아버지가 진토(辰土) 위에 앉아 있어서, 아버지는 힘 있는 아버지이다. 이 사주는 아버지 복이 있을 수 있다. 아버지가 경제적으로 일간 임수를 도울 수 있을 정도로 능력이 있다. 병진(丙辰)은 십이운성으로 관대(冠帶)이기에 자기 독립심이나 경제적 활동력이 좋은 편이다. 그리고 시지(時支) 신금(申金)은 일간 임수에게 편인으로 어머니이다. 어머니가 시지(태어난 시간의 지지)에서 일간 임수에게 수원지가 되어주어서 일간 임수의 수(水) 기운이 마르지 않게 돕는다. 편인은 정인보다는 냉정한 어머니이지만, 그래도 어머니 역할을 하는 기운이라서 이 사주 일간 임수는 부모복이 있다고 보면 된다.

이 사주는 언뜻 보면 편관이 많은 사주로 읽을 수 있지만, 진토는 인묘진(寅卯辰) 방합으로 목(木) 기운도 되고, 신자진(申子辰) 삼합으로 수(水) 기운도 되고, 토(土) 기운 본연의 역할도 한다. 진토가 인묘진 방합으로 목 기운이 되면 이 사주에 많은 토 기운을 목극토(木剋土)로 제압해서 편관 토 기운을 부드럽게 조절할 수 있다. 진토가 신자진 삼합이 되어 수 기운이 되면, 편관 토 기운이 토극수(土剋水) 할 때, 토 기운의 제압을 감당할 정도로 자기 에너지로 작용하기에 이 사주에서 편관은 네 개 이상이어도 일간 임수를 강하게 제압하지 못한다. 지지의 진미술축(辰未戌丑)은 세 가지 오행으로 변화하며 쓰이기에, 들어오는 운에서 어떤 오행이 들어오는지 보아서, 사주를 잘 해석해야 한다.

이 사주의 남자는 2023년 계묘년(癸卯年)이 36세 기미(己未) 대운이다. 기미 대운은 이 사주 일간 임수에게 정관운으로 사주 전체를 관성운으로 만든다. 기토는 임수를 토극수(土剋水) 하면서 제압하고, 미토는 진토와 힘을 합쳐서 이 사주를 관성으로 제압한다. 그런데, 정관은 편관보다는 일간을 적절하게 상황에 맞게 제압하기에 정관은 일간이 기분 좋게 받아내는 스트레스이다. 이 사주의 남자는 기미 대운에서 일이 많고, 몸이 피곤하지만, 관성의 기운이 강하기에, 직장운, 직업운, 승진운이 좋은 쪽으로 움직인다. 다만 관성이 너무 많으면 몸에 병이 날 수 있기에, 토(土) 기운이 상징하는 소화기계와 수(水) 기운이 상징하는 신장, 방광, 비뇨 생식기를 잘 관리해야 한다. 나이가 30대라도 관성 운이 강하게 들어오면 몸이 아플 수 있다. 다행히 2023년 세운이 계묘년이라서 일간 임수에게 계수 겁재와 묘목 상관이 관성을 제압을 받아내도록 힘을 보태주고 있어서, 건강관리만 잘 하면 무탈하게 지나갈 수 있다.

이 사주의 여자는 2023년 계묘년이 36세 임자 대운이다. 세운에서 들어오는 계수(癸水)와 대운에서 들어오는 임수(壬水)는 수(水) 기운으로 이 사주 일간 임수에게 겁재와 비견이다. 관성이 많은 사주는 겁재와 비견의 운이 일간 임수에게 도움이 된다. 이 시기에 일간 임수는 겁재와 비견의 도움으로 관성의 제압을 잘 버텨내면서 직업운, 승진운, 직장운이 좋게 흐른다.

이 사주 일간 임수는 여자라면 사주에 관성이 많아서 남자운이 복잡하다. 살면서 연애를 많이 해도, 결혼하고 싶은 남자는 만나지 못할 수 있다. 여자 사주에 남자운을 나타내는 관성이 많으면 결혼해도 이혼수가 있고, 바람을 피우거나, 한 남자에게 집중하지 못하기에, 결혼운이 약하다. 여자 사주가 관성이 많으면 자기 주관 없이 관성에 따라 자기 정체성이 왔다 갔다 하기에, 결혼할 때 신중하게 해야 한다. 그리고 전문적인 직업인으로 살아야 먹고사는 일에서 크게 고생하지 않는다.

30. 계사 일주

시주	일주	월주	연주	사주
壬	癸	乙	丁	천간
戌	巳	巳	未	지지

이 사주는 양력 1967년 5월 29일 술시(戌時) 사주이다. 남자라면 대운이 역행해서 갑진(甲辰), 계묘(癸卯), 임인(壬寅) 운으로 흐르고, 2023년 계묘년(癸卯年) 57세, 경자(庚子) 대운이다. 여자라면 대운이 순행해서 병오(丙午), 정미(丁未), 무신(戊申) 운으로 흐르고 2023년 계묘년이 57세, 신해(辛亥) 대운이다. 일주가 계사(癸巳)이면 천을귀인이라서 인생이 힘들 때 도와주는 상황이나 사람이 나타나서 힘든 시기를 버티게 하는 인덕이 있다. 계사 일주는 정재(正財)라서 인생을 성실하게 살며 돈을 아끼기에 먹고사는 일로 크게 고생하지 않는다. 일간 계수에게 일지(태어난 날의 지지) 사화(巳火)의 지장간에 경금

(庚金) 정인(正印)이 있어서 어머니복, 공부복, 건강복도 좋은 편이다. 경금은 일간(나) 계수를 금생수(金生水) 하면서 수(水) 기운이 마르지 않게 돕는다.

계사 일주가 을사월(乙巳月)에 태어났다. 일간 계수 입장에서 을목(乙木)은 식신, 사화(巳火)는 정재이다. 식신과 정재는 식신생재를 하기에 부지런하게 자기 할 일 하면서 돈을 번다. 연주(年柱)가 정미년(丁未年)이라서 일간 계수에게 편재와 편관이다. 연주가 편재와 편관이면 놀기도 잘하고 어른 말도 잘 들으며 어린 시절을 활발하게 보낸다. 연주와 월주가 식신과 재성이면 어렸을 때 공부운은 약하다. 어렸을 때 공부를 잘하려면 인성과 관성이 연주(年柱)에 있으면 좋다. 이 사주는 연지(태어난 해의 지지)가 미토(未土) 편관이라서 어른 말을 잘 듣고 자랐을 것이다. 편관은 일간을 제압해서 사회화시킨다. 연주에 편재와 편관이 있으면 아버지 복이 있거나 아버지의 영향력이 컸을 것이다. 편재는 아버지이고, 연주의 편관은 주변 어른들이기에, 어린 시절에 활발하게 잘 놀면서도, 어른들 말은 거역하지 않았을 것이다.

이 사주의 지지(地支)를 보면 연지(年支)와 월지(月支)가 오화(午火) 운이 오면 사오미(巳午未) 방합으로 화(火) 기운이 되어 일간 계수에게 재성(財星)으로 작용하기에, 사주에 화 기운이 많다. 연간(年干) 정화(丁火)도 화 기운이기에 일간 계수가 수극화(水剋火)하느라고 기운이 빠져서 재다신약(財多身弱)이 된다. 재다신약은 돈을 열심히 버느라고 체력이 약해져서 자기가 번 돈을 자기가 관리하지 못해

남에게 돈을 빼앗기거나, 돈이 없을 수 있다. 월간(月干) 을목(乙木)도 연간 정화를 목생화(木生火)하기에, 연주와 월주가 화(火) 기운으로 움직인다. 다행히 월지(月支) 사화(巳火), 일지(日支) 사화(巳火), 시지(時支) 술토(戌土)에 지장간으로 경금(庚金)과 신금(辛金)이 있어서 일간 계수에게 금생수(金生水)를 하기에 공부도 곧잘 해서 사회생활에 적응할 수 있다.

연주와 월주는 어린 시절이고, 어른으로 사회화되는 시기이기에, 학창 시절에 재성운(財星運)이 인성운(印星運)보다 강하면 공부를 열심히 하기보다는 활발하게 친구들과 놀기를 더 좋아했을 것이다. 이 사주 계수 일간에게 화 기운은 재성인데, 연주와 월주가 재성으로 움직이면서, 재성이 인성(印星)을 극(剋) 하는 재극인(財剋印)을 하면 공부운이 약해지고, 인성인 어머니를 극 하기에 어머니 말을 잘 듣기보다는 자기 마음대로 자기 하고 싶은 일만 하면서 자랐을 것이다. 겉으로 보기에는 재성의 활동력이 있어서 건강해 보이지만, 밖에서 실컷 놀고 집으로 들어오면 피곤해서 먹고 자기만 했을 것이다.

일지(日支) 사화(巳火)도 화(火) 기운이고, 시지(時支) 술토(戌土)는 병화(丙火)의 묘지로 화 기운이 숨어 있기에, 이 사주의 지지는 화 기운이 강하다. 일간 계수 입장에서 화 기운을 통제하고 건강하게 공부하면서 살려면 금수(金水) 기운이 필요하다. 일간 계수가 마르지 않는 수 기운으로 움직이면서 화 기운을 조절하면, 이 사주는 재물운이 나쁘지 않다. 이 사주는 지지에 화 기운이 많아서 재다신약이 되는데, 다행히 월지와 일지의 사화 속에 지장간 경금이 일간 계수에게 금생수(金生水) 하면서 도움이 된다. 시간(時干)의 임수(壬水)도 일간 계수를 돕는다. 그래서 일간 계수는 사주에 많은 화 기운을 지배하면서 자기 인생을 살 수 있지만, 사주에 재성이 많으면 돈이 잘 모이지 않기에 적금이나 예금 같은 안정적인 저축을 해야 돈을 모을 수 있다.

이 사주의 남자는 어린 시절과 학창 시절 대운이 갑진, 계묘, 임진으로 수(水) 기운이 들어와서 건강하게 자랐을 것이다. 2023년 계묘년이 57세, 경자(庚子) 대운이다. 이 사주에게 필요한 금수(金水) 기운이 있어서 2023년 계묘년에 문서운, 승진운, 건강운이 무탈하게 흐른다. 이 사주의 남자는 사주에 화 기운인 재성이 많아서 일간 계수에게 여자운이나 아내운이나 결혼운은 약하다. 남자 사주가 결혼운이 있으려면 재성과 관성이 두 개 이내여야 한다. 남자 사주에 관성이 있어야 아내(정재)를 지키는 책임감이 강해진다. 관성은 타인에 대한 책임감으로 남자 사주가 관성이 있어야 아내를 책임감 있게 사랑하고, 아내를 지키기 위해 자기 고집을 부리지 않는다.

이 사주의 여자는 어린 시절과 학창 시절의 대운이 병오, 정미, 무신 운으로 흘러서 어린 시절에 공부하지 않았을 것이다. 사주 자체도 화 기운 재성이 많은데, 어린 시절과 학창 시절에 병오, 정미 대운으로 재성 대운이라서 공부보다는 놀기를 좋아하고 자기 하고 싶은 대로 살았을 것이다. 어린 시절에 재성운이 많으면 재다신약으로 몸이 병약하고 병치레를 많이 했을 것이고, 재다신약이라서 부모가 경제적으로 힘들었을 것이다. 재다신약은 일만 열심히 하지 돈이 항상 모자란다. 사주가 재다신약이면, 돈을 쓰지 말고, 되도록 저축하면서 살아야 빚지지 않는다. 이 사주의 여자는 2023년 계묘년이 57세, 신해 대운이다. 다행히 이 사주에 필요한 금수(金水) 기운이 대운으로 있어서 50대가 그나마 그동안 살아온 과거의 삶보다 나아진다.

이 사주에서 일간 계수는 화(火) 기운을 극 하느라고, 계수에 해당하는 신장, 방광, 비뇨 생식기, 허리, 모세혈관이 약해질 수 있다. 평소에 짜게 먹지 말고, 혈관 건강을 관리해야 건강을 유지할 수 있다. 이 사주는 화(火) 기운의 장기도 관리해야 한다. 화 기운의 장기는 심장, 소장, 혈관계, 대사질환이다. 이 사주는 혈압이 오지 않게 마음 관리를 잘해야 한다.

part 4

겨울

갑을목은 씨앗으로 변하고
병정화는 온기로 존재하고
무기토는 땅속뿌리와 싹을 보호하고
경신금은 단단한 씨 종자로 존재하고
임계수는 생명체의 생존력을 강하게 한다

31. 갑오 일주

시주	일주	월주	연주	사주
己	甲	庚	癸	천간
巳	午	申	亥	지지

 이 사주는 양력 1983년 9월 3일 사시(巳時) 사주이다. 남자라면 대운이 역행하여 기미(己未), 무오(戊午), 정사(丁巳), 병진(丙辰) 운으로 흐르고, 2023년 계묘년(癸卯年)이 41세, 병진(丙辰) 대운이다. 여자라면 대운이 순행하여 신유(辛酉), 임술(壬戌), 계해(癸亥), 갑자(甲子) 운으로 흐르고, 2023년 계묘년이 41세, 갑자(甲子) 대운이다. 갑오(甲午) 일주가 경신월(庚申月)에 태어나서 편관이 제압하기에 체력이 약하고 스트레스가 많다. 신월(申月)에 태어난 일간 갑목은 12운성으로 절지(絶支)이다. 절지는 그해에 더 자라기를 멈추고, 내실을 다지며, 자기 한 몸을 지키는 역할을 한다. 갑목은 인묘진(寅卯辰)

봄에 새싹을 내고, 사오미(巳午未) 여름에 자랄 대로 자라고, 신유술(申酉戌) 가을에는 자기 영양분을 뿌리와 줄기에 비축하며, 그해의 늠름한 기상을 내보이며 낙엽을 떨구고, 해자축(亥子丑) 겨울에는 맨 가지만으로 뿌리와 줄기를 지키며 겨울을 난다.

사주 전체를 보면 연지(年支) 해수의 지장간 갑목(甲木)이 일간 갑목을 직접 돕고, 연주(年柱) 계해(癸亥)가 정인(正印)과 편인(偏印)으로 갑목을 간접적으로 돕는다. 연주(年柱)가 정인과 편인이면 어린 시절에 어른 말 잘 듣고, 보호받는 가정환경에서 자란다. 연주는 어린 시절 성장 환경으로 연주가 인성(印星)이면 어른이나 학교가 시키는 대로, 잘하든 못하든 큰 말썽 없이 착실하게 자란다. 월지(月支) 신월(申月)에 태어난 갑목은 편관의 제압이 있지만, 신금(申金)의 지장간에 임수(壬水) 편인이 있어서 갑목은 적당한 수분기를 가지고 잘 자랄 수 있다. 월주(月柱) 경신월(庚申月)이 편관이라서 일간 갑목은 어른 말 잘 듣고, 스트레스를 참아내며, 조직이나 단체 생활에서 자기 역할을 해내며 책임감 있게 산다.

일주(태어난 날)가 갑오(甲午) 일주라서 상관이다. 상관은 자기가 하고 싶은 말을 직설적으로 다하고, 자기가 하고 싶은 대로 행동해서 구설수(口舌數)와 관재수(官災數)가 있다. 상관은 먹고사는 생활력으로 애교도 있고, 사람에게 잘해주는 오지랖이 있지만, 상관은 관성을 제압하는 지배 욕망이 있어서, 잘난 척하다가 구설수로 시달리거나 외톨이가 될 수 있다. 그런데 이 사주의 상관은 연주 계해(癸亥)의 영향을 받아서 말이나 행동을 함부로 하지 못한다. 이 사주의 상관은 계해년(癸亥年), 경신월(庚申月)에 태어난 상관이기에, 따뜻한 가을 햇살 같은 기운을 가진 상관이다. 이런 상관은 자기가 이길 것 같으면 심하게 말하고 행동하지만, 자기가 질 것 같으면, 적당하게 눈치 보면서 유연하게 적응하는 기질로 임기응변을 잘한다. 상관은 강자 앞에서는 약하고, 약자 앞에서는 강하다.

 연주(年柱)는 어린 시절, 월주(月柱)는 학창 시절, 일주(日柱)는 청장년과 중장년 시절, 시주(時柱)는 노년기로 해석하면 된다. 연주는 어린 시절이기에 연주가 관인상생(官印相生)으로 있으면 어른 말 잘 듣고 착실하게 자란다. 연주가 식신생재(食神生財)로 있으면 활발하게 뛰어놀며 통솔력도 있고 건강하지만, 공부운이 약해서 공부를 하지 않을 수 있다. 월주가 관인상생으로 있으면 공부 열심히 해서 사회적 환경이나 가족 구성원에게 적응 잘하며 타인과 잘 맞춰가며 합리적으로 사회적 성격을 형성한다. 월주가 겁재나 상관생재이면 공부보다는 돈에 관심이 많고 친구들과 놀기를 좋아해서 공부운은 약하다. 연주나 월주가 재생관(財生官)이면, 열심히 공부하고 열심히 노력하지만, 스트레스가 많아서 체력이 약하다. 사주는 중화되어 있으면 좋은 사주이다. 중화된 사주는 음양오행이 골고루 들어 있는 사주이다.

 일지(태어난 날의 지지) 오화(午火)와 시지(태어난 시간의 지지) 사화(巳火)가 만나면 사오합화(巳午合火)가 되어, 이 사주의 일간 갑목은 식신과 상관의 기운으로 청장년, 중장년, 노년기를 산다. 상관은 좋게 쓰이면 좌절하지 않는 생활력이고, 무슨 일이든지 하면서 먹고 산다. 그런데 상관은 관성(官星: 지켜야 할 사회적 합의 같은 질서나 규율)을 극 하기에 직업변동이 있고, 한 가지 일을 꾸준히 하지 못한다. 그리고 한 회사에서 정년까지 일하지 못할 수 있다. 상관은 일종의 반항이고 저항이다. 상관이 잘 되면 연구원, 학자, 언론인, 작가, 평론가, 비평가, 선생님, 교수, 정치인이 되어 세상의 부조리를 고치는 선구자 일을 한다. 상관이 잘못되면 세상과 남 탓을 하는 불평꾼이 된다. 일지와 시지가 상관이면 말과 행동을 조심하고, 직설적으로 솔직하게 타인의 잘못을 지적하지 말아야 사회생활을 융통성 있게 할 수 있다.

이 사주의 남자에게 아내는 시간(時干)에 있는 기토(己土) 정재이다. 일간 갑목은 시간(태어난 시간의 천간)에 있는 정재 기토와 갑기합토(甲己合土)를 해서 일간 갑목이 아내복이 있을 수 있다. 시주(時柱)는 자식운과 노년운을 보는 자리인데, 아내운을 볼 때는 사주에서 남자에게 정재가 어느 주(柱)에 있는지를 봐서 해석하면 된다. 남자 사주에서 아내운을 보는 방법은 두 가지이다. 첫째, 일지(태어난 날의 지지)가 아내 자리이다. 아내 자리에 어느 십성(十星)이 있는지를 보고 아내운을 해석한다. 만약에 일지에 겁재가 있다면, 겁재는 정재를 극 하기에 아내운이 약하다. 남자 사주 일지에 식신이 있다면 식신은 정재를 식신생재하기에 아내에게 잘한다. 이런 식으로 아내운을 보는 게 첫 번째 아내운 해석법이다.

남자 사주에서 두 번째 아내운 해석법은 정재가 어느 주(柱)에 있는지 본다. 이 사주의 정재는 시간(時干)의 시주(時柱)에 있다. 시주에 아내 정재가 있다면, 이 사주의 남자는 아내를 자기 동생이나 후배처럼 아끼고 사랑한다. 시주(時柱)는 일간 갑목보다 뒤의 순서이기에, 일간 갑목은 연하의 아내를 둘 수 있고, 아내에게 잘할 수 있다. 그리고 시간 기토가 사화(巳火) 위에 있기에, 이 사주의 아내 기토는 자기 기운이 좋고, 독립적으로 경제활동을 잘하는 아내일 것이다. 사화는 기토에게 12운성으로 제왕이기 때문이다. 제왕은 자수성가하고 자기 고집과 주체성이 강해서, 긍정적으로 생각하며 힘들어도 사회에 적응하는 힘이 좋다.

32. 을미 일주

시주	일주	월주	연주	사주
乙	乙	辛	辛	천간
酉	未	卯	酉	지지

이 사주는 양력 1981년 3월 18일 유시(酉時) 사주이다. 남자라면 대운이 역행해서 경인(庚寅), 기축(己丑), 무자(戊子) 운으로 흐르고, 2023년 계묘년(癸卯年)이 43세, 정해(丁亥) 대운이다. 여자라면 대운이 순행해서 임진(壬辰), 계사(癸巳), 갑오(甲午) 운으로 흐르고, 2023년 계묘년이 43세, 을미(乙未) 대운이다. 사주 전체 기운은 목(木) 기운과 금(金) 기운으로 되어 있다. 일간 을목(乙木)이 신금(辛金) 편관에게 제압당하면서 자기 기운을 유지하는 형세이다. 이런 사주라면 금 기운과 목 기운을 통관해주는 수(水) 기운이 용신(일간에게 도움이 되는 오행)이라고 할 수 있다. 통관 용신(用神)은 한 기운

과 한 기운을 순행하며 생(生) 해주는 기운이다.

이 사주의 일간 을목은 신금(辛金) 편관으로 금극목(金剋木)을 당해도, 을목이 신금(辛金)의 제압을 버텨낼 기운이 있다. 월지(月支) 묘목(卯木)이 연주(年柱) 신유(辛酉)나 월간(月干) 신금(辛金)으로 극(剋) 당해서 힘이 약해도, 일지(日支)의 미토(未土)와 시간(時干) 을목(乙木)의 도움으로 편관의 금극목을 버텨낼 수 있다. 사주가 편관과 비견만 있다면, 주어진 질서를 지키면서 사회에 적응하며 살아남는다. 편관은 시련과 고난을 이겨내는 정신력이기에, 편관의 제압을 받는 일간 을목은 스트레스를 이겨내는 사회적 생존력이 좋다. 편관은 스트레스이면서 스트레스를 참아내는 인내력으로 사회적 출세나 성공이다. 사주에서 관성은 사회질서를 지키면서 나름대로 성공하는 강한 인내력이다. 사주에 관성이 있어야, 피라미드 먹이사슬 같은 사회적 계급 질서를 이성적(理性的)으로 잘 참아낸다. 관성은 타인이나 상황에 지배당해주는 인내력인데, 그 이면의 욕망은 출세 욕망이다. 출세하기 위해 계급 구조를 참는 게 관성이다.

편관은 정관보다 조금 더 강하게 일간을 제압하고 조절하지만, 편관의 제압을 받아내는 일간은 사주에 식신이나 비겁이 있다면, 편관의 제압을 지혜롭게 받아내면서 사회적 출세를 할 수 있다. 편관은 사회라는 계급 구조에 적응하기 위해 일간이 겪어내는 참을성이다. 그런데 편관이 너무 세게 일간을 제압하면 일간이 아플 수 있기에, 편관의 스트레스를 조정하는 식신이 사주에 있다면, 식신이 편관을 제압하기에, 식신이 좋은 역할을 한다. 식신이 편관을 달래면서 편관을 융통성 있게 조절한다면, 일간은 편관의 제압을 순하게 받아낸다. 상관은 편관과 부딪쳐서 편관을 제압하기에, 상관은 한 직장에 오래 있지 못하며, 직장을 옮기거나 자영업을 하는 편이다. 상관은 식신보다 감정적으로 문제를 해결한다. 그래서 상관은 관성(조직이나 단체)에 적응하기 힘들고, 식신은 관성과 유연하게 적응한다.

이 사주에서 편관이 많아도, 편관의 스트레스를 받아낼 비견이 있다. 비견은 편관의 스트레스를 받아내는 의지력이다. 신금(辛金) 편관이 일간(日干) 을목을 제압해도, 일간 을목을 도와줄 월지(月支) 묘목과 일지(日支) 미토, 시간(時干) 을목이 있어서, 이 사주의 일간 을목은 편관의 스트레스를 받아내서, 사회적으로 성공할 수 있다. 이 사주의 남자는 2023년 계묘년이 43세 정해(丁亥) 대운이다. 일간 을목에게 계묘년은 편인과 비견으로 일간 을목을 도울 수 있다. 정해(丁亥) 대운은 식신과 정인으로 일간 을목을 도울 수 있다. 편인은 문서운, 승진운, 인정받는 운이고, 비견은 건강운, 추진력운, 인맥운이다. 식신은 시작운, 기회운, 노력운이 되고, 정인은 문서운, 승진운, 조력자운으로 작용한다. 이 사주에서 강한 편관을 인성운이 관인상생(官印相生)으로 부드럽게 사용해서, 관성의 출세운을 좋게 흐르게 한다. 대운 정화(丁火)는 이 사주에 많은 신금(辛金) 편관을 화극금(火剋金)으로 조절하기에, 2023년에 이 사주의 남자는 승진운이나 직업운이 좋아져서, 재물운도 좋아진다. 재물운은 일하면 돈을 벌기에, 일운이 좋으면 재물운도 좋아진다.

이 사주의 여자는 2023년 계묘년에 43세, 을미(乙未) 대운이다. 일간 을목에게 계묘년은 편인과 비견이라서, 이 사주의 편관 신금(辛金)을 관인상생으로 이용해서, 직업운이나 사회적 성공운을 좋게 만든다. 대운도 을미 대운이라서, 일간 을목에게 비견과 편재로 작용한다. 미토는 토생금(土生金)으로 편관 신금(辛金)을 돕기도 하지만, 미토가 을목을 만나면, 토(土) 기운보다 목(木) 기운으로 먼저 작용해서 일간 을목을 돕는다. 사주는 일간을 좋게 움직이는 쪽으로 운이 먼저 흐른다. 사주는 생이나 합을 극이나 충보다 먼저 하기에, 사주를 해석할 때는 항상 좋은 쪽으로 해석해야 한다. 태어난 일주가 을미이고, 대운도 똑같은 을미 대운이면, 사주 구성에 따라서 들어오는 을미 대운이 일간('나') 편으로 움직이기도 하고, 일간과 다른 형제자매의 운으로 움직이기도 한다. 이 사주는 편관이 많기에 들어오는 을미 대운이 일간 편을 들어준다.

이 사주의 여자는 사주에 편관이 많아서 남자복이 약하다. 여자 사주에 남자복이나 남편복이 있으려면 관성이 두 개이면 좋다. 정관이 일지(日支)에 있거나, 월간(月干)이나 시간(時干)에 있으면, 여자 사주에서 남편복이나 남자복이 좋다. 이 사주처럼 편관이 네 개 이상이면, 남자에게 인기 있는 여자일 수 있어도, 자기만 사랑해주는 남자를 만나기 힘들다. 여자 사주에 관성이 많으면 바람둥이 남자를 만날 수 있다. 사주에 관성이 많은 여자는 남자를 조심해야 한다. 그리고 사주에 관성이 많은 여자 역시 바람둥이일 수 있기에, 연애를 많이 할 수 있지만, 자기만 사랑해주는 남자를 만나기 힘들다. 사주에 관성이 많은 여자는 한 남자만 끈기 있게 사랑하는 게 좋다. 그래야 남편복이나 남자복이 좋아진다.

관성은 여자에게는 남자, 남자에게는 자식이다. 이 사주의 남자는 사주에 관성이 많아서 자식이 많을 수 있지만, 자식 때문에 마음 아픈 일이 생길 수 있다. 남자 사주에도 관성이 두 개 정도 월주(月柱)나 시주(時柱)에 있다면 자식복이 좋다고 본다. 그리고 관성은 남녀 모두에게 직업복도 되니까, 사주에 관성이 네 개 이상이면, 직업변동이 두세 번 있다고 해석하면 된다. 사주에 한 오행이 너무 많으면 과유불급(過猶不及)이라서 오히려 그 오행으로 고통을 받을 수 있다.

33. 병신 일주

시주	일주	월주	연주	사주
己	丙	己	庚	천간
亥	申	卯	戌	지지

이 사주는 양력 1970년 3월 17일 해시(亥時) 사주이다. 남자라면 대운이 순행해서 경진(庚辰), 신사(辛巳), 임오(壬午) 운으로 흐르고 2023년 계묘년(癸卯年)이 54세, 갑신(甲申) 대운이다. 여자라면 대운이 무인(戊寅), 정축(丁丑), 병자(丙子) 운으로 흐르고, 2023년 계묘년이 54세, 계유(癸酉) 대운이다. 병신 일주가 기묘월(己卯月)에 태어나서 상관과 정인의 기운이 강하다. 사주 당사자의 기본 성격은 일간(日干)이 어느 월(月)에 태어났는지로 해석하면 된다. 일간 병화(丙火)는 묘월(卯月) 정인의 영향을 받아서 머리가 좋다. 월간(月干) 기토(己土)는 월지(月支) 묘목(卯木)이 목극토(木剋土) 하기에, 기토

상관이 묘목 정인에게 목극토를 당하면, 상관은 반항심으로 작용하지 않고, 말을 재치 있게 잘하는 똑똑이가 된다.

월간(月干) 기토 상관은 연간(年干) 경금 편재를 상관생재(傷官生財) 하기에, 월지(月支) 묘목(卯木) 정인의 힘이 미미해서, 어렸을 때 공부를 소홀히 했을 것이다. 연주와 월주가 상관생재이면 공부보다는 바깥에서 친구들과 뛰어놀기를 좋아하고, 자기 마음대로 하고 싶은 놀이를 즐기면서 산다. 상관은 기존 질서인 관성을 극하고, 편재는 자기 마음대로 사는 기질이라서, 어른 말을 듣기보다는 자기 고집으로 인생을 산다.

이 사주의 월지 묘목은 연지(年支) 술토를 만나면 묘술합화(卯戌合火)가 되어, 비겁으로 변한다. 그래서 이 사주는 고집이 세고, 자기가 하고 싶은 공부만 하고, 하고 싶은 일만 하는 주관이 강한 성격이다. 연주와 월주가 비겁, 상관, 편재라서 자기가 하고자 하는 일에서는 성과가 있지만, 구설수와 손재수는 있다. 사주가 관인상생이면 어른 말 잘 듣고 주어진 환경에 타협하는 모범생이고, 식상생재이면 자기 개성이 강한 자유 영혼으로 자기 인생을 스스로 개척하면서 산다.

이 사주의 일간 병화는 월지 묘목이 연지 술토와 묘술합화(卯戌合火)가 되어 화(火) 기운의 도움을 받기에 건강운이 좋다. 비겁은 건강운, 생존력, 독립심, 자립심, 추진력, 인맥이다. 일지(日支)가 신금(申金) 편재이기에 이 사주가 남자라면 연애를 많이 한다. 남자에게 편재는 여자에게 친절하게 잘해준다. 그런데 연애는 많이 하지만, 여자에게 끝까지 집중하지 않기에, 결혼운은 약하다. 결혼은 끝까지 책임지는 인내심이 있어야 가능하다. 편재는 좋으면 좋아하고, 싫으면 싫어하고, 연인에게 빨리 질리기도 하기에, 한 여자만 오래 사랑하지 못한다. 남자 사주 일지(남자에게 아내 자리)가 편재이면, 남자는 한 여자에게만 집중해야 결혼생활을 오랫동안 무탈하게 한다. 그리고 편재는 남녀 모두 아버지이기도 하다. 남녀 모두 일지에 편재가 있다면, 아버지 때문에 힘들거나 혹은 아버지 복이 있을 수 있다. 아버지가 짐이 될지, 복이 될지는 아버지 사주를 보고 상대적으로 해석하면 된다.

이 사주에서 월지 묘목(卯木)과 일지 신금(申金)은 원진살과 귀문관살을 짠다. 원진살은 좋고 싫음이 공존하는 이중 감정이고, 귀문관살은 우울증과 불안증 같은 걱정 근심으로 신경이 예민하다. 이 사주에서 묘목이 정인이고, 신금(申金)이 편재라서, 신금 편재(아버지)가 묘목 정인(어머니)을 괴롭힌다. 편재는 아버지이고, 정인은 어머니이기에, 가부장적인 아버지가 현모양처인 어머니를 극(剋) 하기에, 이 사주는 부모 문제로 스트레스받을 수 있다. 이 사주에서 묘목 정인 어머니는 힘이 없다. 월지 묘목 정인은 연지 술토를 만나 화(火) 기운이 되고, 일지 신금(申金)에게 금극목(金剋木)을 당하기에, 이 사주의 어머니는 병이 나거나, 아버지와 이혼하거나, 요절할 수 있다.

월지 묘목 정인이 묘술합화로 화 기운이 되고, 일지 신금(申金)에게 금극목을 당하면 인성운이 약해지기에, 이 사주는 어렸을 때나 학창 시절에 공부운이 약해서 공부를 열심히 하지 않았을 것이다. 이 사주는 상관생재(傷官生財)가 강하기에, 일찍 돈 벌기를 하거나, 투잡 쓰리잡으로 일을 많이 하는 사주이지만, 돈 모으기는 잘하지 못한다. 돈을 모으려면 사주에 관성이 있어야 한다. 다행히 이 사주는 일지 신금(申金)의 지장간 임수(壬水)와 시지(時支) 해수(亥水)가 관성이라서 중장년 이후로 돈을 모을 수 있다.

이 사주는 운에서 수목(水木) 기운이 들어오면 좋다. 수(水) 기운은 이 사주에서 관성 역할을 하고 목(木) 기운은 인성 역할을 하기에, 기토 상관이 경금 편재를 생하고, 경금 편재가 관성 수 기운을 생하고, 관성 수 기운이 인성 목 기운을 생 하게 하면, 사주가 중화되어서 일간 병화가 더 잘살 수 있다. 사주는 음양오행이 중화되면 좋은 사주이다. 다행히 일지 신금(申金)의 지장간에 임수(壬水)가 있고, 시지(時支) 해수(亥水)가 있어서 사주가 중화되는 쪽으로 움직인다. 지지의 신해(申亥)는 해(害)를 짜는데, 신해 해(害)는 각 계절의 시작을 나타내는 역마살이라서 분주하고 바쁜 쪽으로 움직이는 해(害)이기에, 크게 해로울 게 없다. 해(害)를 좋게 사용하면 부지런하게 움직여서 돈을 벌 수 있다.

일지 신금(申金) 지장간에 있는 임수(壬水)와 시지(時支) 해수(亥水)는 수 기운이라서 이 사주 일간 병화를 관성으로 조절하며, 사회에 적응하게 한다. 주어진 사회에 적응하는 적응력은 관성이기에, 관성이 있어야 번 돈도 관리하고, 윗사람이나 조직의 위계질서에 적응한다. 이 사주는 관성이 성인기(成人期) 이후에 들어오기에, 청소년 시절보다 성인 이후의 삶이 더 안정적이다. 이 사주의 남자는 2023년 계묘년이 54세, 갑신(甲申) 대운이다. 계묘년은 일간 병화에게 정관과 정인이 되기에 이 사주에 필요한 수(水) 기운과 목(木) 기운으로 도움이 되기에 2023년이 나쁘지 않다. 대운은 갑신 대운이라서 일간 병화에게 편인과 편재이기에 반은 좋고 반은 나쁘다. 이 사주는 상관 생재가 강하기에, 관성과 인성이 필요하다. 다행히 신금(申金)의 지장간에 임수(壬水) 편관이 있어서 갑신 대운이 나쁘게 작용하지 않는다. 사주는 항상 운이 좋게 작용하는 쪽으로 먼저 움직인다.

이 사주는 일간 병화에 해당하는 심혈관계, 심장, 소장이 약해질 수 있고, 목(木) 기운에 해당하는 뇌혈관계, 간, 담, 췌장이 약해질 수 있으니까, 중장년 이후에는 혈관 건강과 대사질환을 유의해서 잘 관리해야 한다.

34. 정유 일주

시주	일주	월주	연주	사주
辛	丁	癸	己	천간
亥	酉	酉	未	지지

　이 사주는 양력 1979년 9월 27일 해시(亥時) 사주이다. 남자라면 대운이 역행하여 임신(壬申), 신미(辛未), 경오(庚午) 운으로 흐르고 2023년 계묘년이 45세, 기사(己巳) 대운이다. 여자라면 대운이 순행하여 갑술(甲戌), 을해(乙亥), 병자(丙子) 운으로 흐르고, 2023년 계묘년이 45세, 무인(戊寅) 대운이다. 사주에서 일주(태어난 날)가 천을귀인(인덕과 조력자)인 날이 정유(丁酉), 정해(丁亥), 계사(癸巳), 계묘(癸卯) 일(日)이다. 일주가 천을귀인(天乙貴人)이면 삶의 상황이 일간을 돕는 쪽으로 흐르기에, 고난과 시련이 닥쳤을 때 도와주는 상황이나 인덕이 있다. 이 사주는 정유 일주라서 인생이 힘들 때 도와주는

귀인이 나타나는 천을귀인의 사주이다.

   정유 일주에게 일지(日支) 유금(酉金)의 지장간 경신(庚辛)은 일간 정화가 필요할 때마다 녹여 쓸 수 있는 금광이다. 일주(日柱) 편재는 일을 열심히 하고, 돈 욕심이 있고, 오지랖이 있어서 사람에게 잘해준다. 월지(月支) 유금도 편재라서 이 사주는 편재의 기운이 강하다. 편재는 돈을 좇는 욕망으로 돈을 지배하는 힘이 있고, 사람을 지배하는 지배력이 강하다. 그러나 편재가 돈을 손에 쥐려면 사주에 관성이나 비견이 있어야 자기가 번 돈을 자기가 관리할 수 있다. 비견 없이 편재를 좇아 돈을 열심히 벌면, 건강이 약해져서 병에 걸릴 수 있다. 관성 없이 편재인 돈만 추구하면, 돈을 관리하는 관리자가 없어서 돈을 쓸데없이 쓰며 낭비할 수 있다. 이 사주에서 일간 정화를 도울 비견은 연지(年支) 미토(未土)의 지장간에 있는 정화(丁火)이다.

   연지(年支) 미토는 일간 정화에게서 가장 멀리 있고, 월지(月支) 유금을 토생금(土生金) 하기에, 연지 미토가 일간 정화를 돕는 힘은 미미하다. 연지 미토는 일간 정화를 지장간에서 돕기도 하지만, 일간 정화가 연지 미토를 화생토(火生土) 하는 식신이기에, 일간 정화의 기운을 빼앗기도 한다. 일간 정화 옆에 월간(月干) 계수 편관은 일간 정화를 통제하는 편관이다. 월간 계수는 월지 유금에게 금생수(金生水)로 힘을 받아 일간 정화를 극(剋) 하기에, 일간 정화는 힘이 없다. 일간 정화는 월지 유금과 일지 유금을 극 하느라고 힘이 없고, 월간 계수에게 극 당하기에, 일간 정화는 자기를 도와줄 비겁의 기운이 필요하다. 사주에서 필요한 오행을 용신(用神)이라고 한다. 이 사주는 편재가 많고, 관성이 있어서, 재생관(財生官) 하는 사주로, 재생관은 몸이 약해져서 병이 날 수 있기에, 일간 정화를 도와줄 비겁 화(火) 기운과 화 기운을 도와줄 목(木) 기운이 용신이 된다.

시주(時柱) 신해(辛亥)도 일간 정화에게 편재와 정관이라서 재생관을 하기에, 이 사주 일간 정화는 대운에서 화목(火木) 기운이 들어와야 사주가 중화되어서 건강을 유지하고, 돈을 벌 수 있다. 시지(時支) 해수(亥水)의 지장간 갑목은 정화에게 정인(正印)이 되어 목생화(木生火)하면서 일간 정화를 돕지만, 일간 정화가 해수의 지장간 임수(壬水)를 만나면 정임합목(丁壬合木)이 되어, 목 기운으로 변하기에, 시지(時支) 해수도 정화를 직접 돕지는 못한다. 그래도 시지 해수는 정관으로 작용하면서 정임합목이 되면, 일간 정화에게 인성(印星)으로 작용하기에, 일간(日干) 정화에게 목 기운으로 도움이 된다.

이 사주가 여자라면 일지가 편재라서 일을 열심히 하고, 사업을 해서 돈을 많이 벌 수 있겠지만, 나쁜 남자를 만나서 자기 돈을 빼앗길 수 있다. 여자 사주가 재생관 사주이면, 자기가 열심히 일해서 번 돈으로 남자나 남편을 먹여 살리는 사주가 된다. 여자에게 관성은 남편이기에, 편재로 일해서 번 돈을 관성인 남편에게 주어야 하는 삶을 살 수 있다. 재생관 사주의 여자는 남편복이 없는 편이다. 남편복이 없다는 의미는 남편이 돈을 성실하게 벌어오고, 가정에 충실한 남편이 아니라는 의미이다. 이 사주에서 관성은 월간(月干) 계수와 시지(時支)

해수이다. 월간 계수는 연간 미토에게 토극수(土剋水) 당하지만, 월간 계수가 월지(月支) 유금 위에 있어서, 금생수(金生水)로 힘을 받기에 자기 힘이 있는 남편이다. 월간 계수 편관이 유금 편인으로 관인상생(官印相生)을 받기에 이 사주 여자가 남편으로 관인상생을 하는 착실한 월급쟁이를 만나면, 그나마 남편운이 좋아진다.

이 사주 일간 정화는 사주팔자(四柱八字)가 시지(時支) 해수(亥水) 이외에는 음(陰) 기운의 글자이기에, 소극적이고 내향적일 수 있다. 사주에서 양(陽) 기운은 활동적이고 외향적이라면, 음(陰) 기운은 내성적이고 소극적인 편이다. 그래서 이 사주는 마음을 긍정적이고 낙관적인 쪽으로 움직이면 좋다. 2023년 계묘년에 이 사주의 여자는 45세, 무인(戊寅) 대운이다. 일간 정화에게 계묘년은 편관과 편인이다. 편관과 편인은 관인상생을 하기에, 2023년에 이 사주의 여자가 직장을 다닌다면 승진운, 직업 안정운, 문서운, 합격운, 공부운이 좋게 흐른다. 그런데 정유(丁酉) 일주와 세운 계묘년(癸卯年)은 천간끼리 정계충(丁癸沖), 지지끼리 묘유충(卯酉沖)을 하기에, 몸이 아플 수 있고, 스트레스도 많고, 하는 일이 힘들 수 있다.

사주를 볼 때, 충극(沖剋)과 생합(生合)이 동시에 있다면, 생합부터 해석한다. 사주는 좋은 쪽으로 먼저 운이 흐르지, 나쁜 쪽으로 운이 흐르지 않는다. 정유 일주에게 계묘년은 일간 정화 입장에서 편관과 편인이 관인상생으로 들어온 해이기에 관인상생으로 먼저 운이 흐른다. 정유 일주와 계묘 세운이 정계충, 묘유충 하는 충 하는 운은 생보다 뒤에 있기에 충 운이 약하다. 사주는 극형충파해(剋刑沖破害)가 생합보다 많기에, 극형충파해부터 해석하면, 사주 이론상, 사람이 오래 살아남을 수 없다.

요즘 현대인은 100세까지도 살기에 사주는 극형충파해보다 생합의 운으로 먼저 흐른다는 것을, 현대 문명이 증명한다. 사주가 생합보다 극형충파해부터 먼저 했다면, 사람이 이렇게 오래 살 수 없다. 환갑(만 60세)이 되기 전에 죽거나 병들거나 아파 눕는다. 그래서 이 사주 일간 정유가 계묘년을 만나서 천간끼리 충하고, 지지끼리 충해도, 2023년 계묘년이 일간 정유에게 관인상생을 먼저 하기에 무탈하게 넘어갈 수 있다. 사주 보는 사람이 천간 충과 지지(地支) 충을 먼저 해석하면서 사주 보는 당사자에게 겁을 주면 안 된다.

35. 무술 일주

시주	일주	월주	연주	사주
丁	戊	甲	庚	천간
巳	戌	申	辰	지지

이 사주는 양력 2000년 8월 8일 사시(巳時) 사주이다. 남자라면 대운이 순행하여 을유(乙酉), 병술(丙戌), 정해(丁亥) 운으로 흐르고, 2023년 계묘년이 24세, 병술(丙戌) 대운이다. 여자라면 대운이 역행하여 계미(癸未), 임오(壬午), 신사(辛巳) 운으로 흐르고, 2023년 계묘년이 24세, 신사(辛巳) 대운이다. 사주를 볼 때는 먼저 일주(태어난 날)를 보고, 일주(日柱) 옆에 월주(月柱)가 어떤 간지(干支)인지 본다. 어떤 달에 어떤 천간으로 태어났는지가 성격과 성향을 결정한다. 무술 일주이기에 비견의 기운이 강하고, 갑신 월주이기에 편관과 식신의 기운이 있다. 시주(時柱)가 정사(丁巳)라서 이 사주는 '인성 생

비견, 비견 생 식신'의 구조로, 자기 먹을거리는 충분히 해결하는 구조이다.

이 사주 월간(月干) 갑목(甲木) 편관은 연간(年干) 경금(庚金)에게 극(剋) 당하고, 월지(月支) 신금(申金)에게 극 당해서 힘이 약하다. 편관이 식신에게 조절 당하기에 이 사주의 편관은 순한 편관으로 일간 무토를 심하게 극 하지 못한다. 편관은 남녀에게 직장이고, 여자에게는 남편이나 남자운이다. 그런데 사주는 극(剋)보다는 생(生)을 먼저 하기에, 월간 갑목 편관이 연간 경금 식신에게 심하게 극 당하는 것은 아니다. 월간 갑목 편관은 월지(月支) 신금(申金)의 지장간 임수(壬水)에게 수생목(水生木)을 받을 수 있고, 연지(年支) 진토(辰土)의 지장간 계수(癸水)에게 생을 받아서 순한 편관 역할을 한다. 그래서 이 사주의 월간 갑목 편관은 관성 역할을 적절하게 할 수 있다. 편관이 순하면, 직장에서 받는 스트레스를 융통성 있게 감당한다. 여자 사주에서 편관이 순하면 남편이 아내 말을 잘 듣는 순한 남편이다. 그러나 편관이 약하므로 남편의 몸이 약할 수 있기에, 결혼하기 전에 남편 쪽 사주를 보고 남편 될 사람이 건강한지 살펴야 한다.

일주 무술은 괴강살이다. 괴강살은 비견으로 자기 힘이 강하다는 의미이고, 어디 가서 꿇리지 않는 자신감으로 자수성가하며, 인생을 자기 혼자 힘으로 사는 주체성과 고집이 센 기운이다. 괴강(魁剛)살은 우두머리 기질로 대장처럼 살고 싶기에 조직이나 단체에 적응하기 힘든 성격이지만, 자본주의 사회에서 월급만 많이 준다면, 나름대로 조직이나 단체에 충성하면서 높은 직위까지 올라갈 수 있다. 그러나 조직이 자기 자존심을 건드리거나, 조직의 윗사람과 충돌하면, 괴강살은 자존심이 강해서 회사나 조직을 그만두고 자기 사업을 할 수 있다. 다행히 이 사주는 식신의 기운이 강하고, 시주(時柱)가 정사(丁巳) 인성이라서 자기 사업도 자기 규모에 맞게 잘할 수 있는 전문가 기질이 있다. 사주가 '인성 생 비견, 비견 생 식신'이면 주어진 구조에 적응하며 큰 욕심 내지 않고 자기 삶을 산다.

이 사주가 남자라면 어린 시절과 학창 시절의 대운이 을유(乙酉), 병술(丙戌) 운으로 흐른다. 무술 일주에게 을유 대운은 정관과 상관 대운이라서 어른 말을 잘 듣기보다는 자기 하고 싶은 놀이를 즐기고, 공부는 소홀히 했을 것이다. 상관은 정관을 극 하기에 학교(정관) 공부를 열심히 하기보다는 자기가 잘하는 재능을 키우는 쪽으로 에너지를 썼을 것이다. 이 사주는 식신의 기운이 강한데, 을유 대운에서 유금(酉金)은 상관이라서 어린 시절이 식상의 기운으로 흐른다. 식상은 자기가 하고 싶은 일만 하고, 자기가 좋아하는 공부만 하고, 국어 영어 수학 공부보다는 예체능 쪽이라서 연예인 기질 같은 재능이 발휘된다. 어린 시절에 학교 공부에 흥미가 없지만, 나름대로 예체능 쪽으로 자기 재능을 발견하면 성인(成人)이 되어서 자기 밥벌이는 할 수 있다.

이 사주가 남자라면 2023년 계묘년이 24세, 병술(丙戌) 대운이다. 무술 일주에게 계묘년은 천간끼리 무계합화(戊癸合火)를 해서 인성운으로 흐르고, 지지가 묘술합화(卯戌合火)를 해서 인성운으로 흐른다.

이 사주는 금(金) 기운이 많기에, 화(火) 기운이 들어와서 금 기운을 화극금(火剋金) 해주면 인성운이 식상운을 조절한다. 그래서 자기가 먹고 살기 위한 공부는 했을 것이다. 청소년기인 병술 대운도 편인과 비견 대운이다. 편인은 필요한 공부는 하는 운이고, 비견은 건강운이 좋아지고 자기 고집이 세진다. 무술 일주에게 2023년 계묘운은 무계합화, 묘술합화하는 합화(合火) 운이기에 인성운으로 작용한다. 인성운은 공부운이기에 취업 공부를 열심히 하거나, 긍정적인 미래를 위해 새로운 공부를 시작한다. 인성운은 인덕운, 합격운, 명예운으로 흐르기에 인성운이 이 사주에서 부정적으로 작용하지 않는다.

이 사주는 수(水) 기운이 약하다. 무술 일주 남자에게 수(水) 기운은 재성으로 여자운, 연애운, 결혼운, 아내운이다. 남자 사주에 식신과 상관이 있으면 여자에게 잘해주고 오지랖이 있어서 친절하고 상냥해도, 재성이 없으면, 자기를 사랑해줄 여자를 만나기 힘들다. 식상은 돈을 버는 능력이지만, 식상 옆에 재성이 있어야 식상생재가 되어서 재성을 손에 쥘 수 있다. 사주에 식상만 있고, 식상의 결과물인 재성이 없으면 일만 열심히 하지 돈이 모이지 않는다. 사주에 식상만 있고, 재성이 없으면, 반드시 예금이나 적금으로 알뜰하게 저축해야 부자가 된다. 이 사주 무술 일주 남자는 여자에게 잘해주지만, 사주에 수(水) 기운 재성이 없어서 결혼이 늦어지거나, 결혼해도 아내덕을 보기 힘들다. 이 사주의 남자가 결혼하려면, 결혼할 여자 사주에 수(水) 기운이 있고, 여자 사주 일지(日支: 여자에게 남편 자리)가 정관이고, 월간(月干)이나 시간(時干)에 정관이 있으면 좋다.

남자나 여자나 배우자 운이 있으려면 남자는 시간(時干)이나 일지(日支)에 정재(正財)가 있으면 좋고, 여자는 월간(月干)이나 일지(日支)에 정관(正官)이 있으면 좋다. 남자에게 정재가 편재보다 아내로 편하고, 여자도 정관이 편관보다 남편으로 편하다. 남자 사주에 정재가 없고, 편재가 있다면, 한 여자에게 집중하지 못하고, 여자 사주에 정관이 없고 편관이 있다면, 한 남자에게 집중하지 못한다. 편재나 편관은 정재나 정관보다 활동력이 넓고 다방면으로 흥미가 있어서 한 여자, 한 남자에게 만족하지 못한다. 현대사회가 한 여자, 한 남자에게 집중하는 시대는 아니지만, 그래도 남녀의 사랑은 한 여자, 한 남자에게만 책임지고 헌신해야 서로에게 배우자운이 좋게 흐른다.

36. 기해 일주

시주	일주	월주	연주	사주
乙	己	丁	丙	천간
丑	亥	酉	午	지지

이 사주는 양력 1966년 10월 7일 축시(丑時) 사주이다. 남자라면 대운이 순행해서 무술(戊戌), 기해(己亥), 경자(庚子), 운으로 흐르고 2023년 계묘년(癸卯年)이 58세, 계묘(癸卯) 대운이다. 여자라면 대운이 역행해서 병신(丙申), 을미(乙未), 갑오(甲午) 운으로 흐르고, 2023년 계묘년이 58세, 임진(壬辰) 대운이다. 기해(己亥) 일주는 정재(正財)로 십이운성(十二運星) 태지(胎支)이고, 일간 기토는 해수의 지장간 갑목과 갑기합토(甲己合土)를 해서 비견의 기운으로 생명체가 건강하게 보호되는 땅이다. 정재는 착실하게 일해서 버는 돈으로, 낭비하지 않고, 저축하며, 자기 생명은 자기가 책임진다.

남자 사주 일지(日支)가 정재이면 아내복이 있는 편이다. 연월시주(年月時柱)에 편재(偏財)가 없다면, 일지 정재로 태어난 남자 사주는 아내 덕이 있다. 여자 사주도 일지(日支)가 정재이면 착실한 현모양처일 수 있고, 재생관(財生官)을 해서 남편을 출세시킬 수 있는 능력이 있다. 남자나 여자나 일지가 정관(正官)이나 정재(正財)이면 인생을 성실하게 사는 편이고, 질서를 지키고, 사람들과 잘 지내며 산다. 정재나 정관은 주어진 현실에 저항하지 않고, 환경을 순리적으로 받아들이며, 기존 구조에 적응해서 살아남는다.

일간 갑을병정(甲乙丙丁)은 정관이 십이운성으로 태지이다. 태지(胎支)는 엄마 뱃속에서 보호받고 살기에, 일지가 정관 태지이면, 보호받을 수 있는 부모나 사회적 상황이 있다. 태지는 겁이 많아서 바깥 상황에 저항하지 못하고, 순하게 적응하면서 산다. 정관 태지는 갈등 상황에서 싸우기보다는 타협하면서 너 좋고 나 좋은 방향으로 나아간다. 정관 태지는 조직이나 단체에 합리적으로 순응하기에, 윗사람과 부딪치지 않고 지내고, 아랫사람과도 좋은 관계를 유지한다. 정관 태지는 순하게 사회에 적응한다.

일간이 무기경신임계(戊己庚辛壬癸)는 정재가 태지이다. 정재 태지는 주어진 일을 성실하게 하고, 엄마 뱃속에 자라는 태아처럼 바깥에서 주는 먹이를 먹으며 소박하게 산다. 항상 밥을 먹여주는 엄마의 탯줄이 있어서, 무슨 일을 해도 자기를 돕는 사람 복이 있으며 자기 먹을거리는 큰 고생 없이 순순하게 번다. 남자나 여자나 일지가 정재이면 주어진 현실에 태아처럼 순응하며 인생을 살 수 있다. 이 사주의 일간 기토(己土)도 일지가 정재라서 먹고사는 일은 혼자서 충분히 해결한다. 일자리도 쉽게 구할 수 있게 힘들 때 누군가의 도움도 받을 수 있다.

기해 일주가 월주(月柱) 정유월(丁酉月)에 태어났다. 일간 기토에게 월주 정유는 편인과 식신이다. 연주(年柱)도 병오(丙午)라서 일간 기토에게 정인과 편인이다. 이 사주는 인성이 많아서 공부하는 일을 하는 게 좋다. 공부해서 사무직이 되거나, 전문 지식인이 되어야 성인(成人)이 된 이후에 직업 변동 없이 살 수 있다. 이 사주는 공부를 해야 좋게 풀리는 사주이다. 이 사주의 월지(月支) 유금(酉金) 식신은 힘이 없다. 연주(年柱)와 월간(月干)의 인성(印星)으로 식신이 극을 받아서 유금 자체는 힘이 없다. 식신은 먹고사는 활동력인데, 인성으로 극을 받으면, 활동성이 줄어든다. 그래서 이 사주는 반드시 공부해서 전문가가 되어야 나중에 직업에 대한 갈등 없이 한 분야에서 먹고살기를 할 수 있다.

사주를 보는 이유는 자기가 부자가 될 수 있는지를 가장 궁금해한다. 사람은 자기 사주에 돈복이 있는지를 가장 궁금해하고, 그다음에 건강복과 수명복을 궁금해한다. 돈은 일하면 벌 수 있다. 일이 돈이다. 일해서 번 돈을 저축하고 낭비하지 않으면 돈을 벌 수 있다. 일운은 식상, 재성, 관성, 인성, 비겁으로 볼 수 있다. 비겁은 자기 독립적으로 사업을 하면서 돈을 번다. 비겁이 많은 사주가 직장을 다닌다면 연봉이 보통 사람보다 높을 때이다. 식상은 자기 먹을거리를 소박하게 버는 의식주에 관련된 활동력이다. 식상은 자기 에너지를 바깥으로 내보내는 적극성이기에, 사주에 식상이 있다면 돈을 많이 벌지는 못해도 자기 만족할 정도로는 번다.

재성은 돈 욕심이 많지만, 돈을 낭비하기에 사주에 편재가 많으면 저축해야 돈이 모아진다. 관성은 일반 직장인이고, 인성도 일반 직장인이다. 정관이 자기 사업을 하면 규모에 맞게 하고, 편관은 일을 크게 벌여서 스트레스를 받는다. 정재가 사업을 하면 알뜰하게 하는 편이지만, 편재가 사업을 하면 자기 분수보다 크게 일을 벌이기에, 빚을 질 수 있다. 관성은 사업을 하면 스트레스를 많이 받아서 몸이 아플 수 있다. 그래서 관성은 되도록 직장생활을 하는 게 돈을 버는 길이고, 편재는 자기 사업을 할 때 가지고 있는 돈으로 규모 있게 해야 돈을 번다. 인성은 타인의 도움이기에 되도록 사업보다는 월급 생활을 하는 게 편하다.

이 사주는 인성이 많아서 어렸을 때부터 공부해서 좋은 학교를 나와서 직장생활을 하는 게 좋다. 시주(時柱) 을축(乙丑)은 일간 기토에게 편관 비견이지만, 시간(時干) 을목은 시지(時支) 축토에서 힘을 쓰지 못한다. 을축은 십이운성 쇠지(衰支)라서 을목이 축토에게 힘을 받지 못해서 일간 기토에게 편관 역할을 심하게 하지 못한다. 이 사주는 사업보다는 직장생활이 먹고살기에는 안정적이다. 이 사주가 남자라면 학창 시절 대운이 무술(戊戌), 기해(己亥), 경자(庚子) 운으로 흘러서 비겁 식상 재성운으로 흘렀기에, 공부하지 않았을 것이다. 재성운이 사주에 있는 인성을 극 하면, 일간 기토는 머리가 좋아도 공부를 게을리했을 것이다. 학교를 졸업한 후에는 살면서 직업 변동이 몇 번 있었을 것이고, 한두 번의 사업 실패 후 직장생활을 하는 삶으로 살 것이다.

이 사주가 남자라면 여자복과 아내복이 있다. 남자 기해 일주가 일지(배우자 자리)가 정재이기에, 정재의 아내는 경제 활동을 착실히 하는 여자이다. 현대사회에서는 데이트 비용도 더치페이하는 시대이고, 여자도 직업이 없으면 결혼하기 힘든 시대이다. 남자 사주에 일지가 정재이면 직장생활을 착실하게 하는 아내를 만날 수 있다.

37. 경자 일주

시주	일주	월주	연주	사주
壬	庚	戊	壬	천간
午	子	申	寅	지지

　이 사주는 양력 1962년 8월 30일 오시(午時) 사주이다. 남자라면 대운이 순행해서 기유(己酉), 경술(庚戌), 신해(辛亥) 운으로 흐르고, 2023년 계묘년이 62세, 갑인(甲寅) 대운이다. 여자라면 대운이 역행해서 정미(丁未), 병오(丙午), 을사(乙巳) 운으로 흐르고, 2023년 계묘년이 62세, 임인(壬寅) 대운이다. 경자 일주가 월지(月支) 신월(申月)에 태어나서 비견 기운이 강하다. 천간으로 연간(年干) 임수(壬水)와 시간(時干) 임수(壬水)가 식신이고, 월간(月干) 무토가 편인이다. 격으로는 편인격이고, 사주의 움직임은 편인 생 비견, 비견 생 식신의 구조라서 조직이나 단체에 매여 살기보다는 자유롭게 사는 삶을 좋아

한다. 편인과 식상과 편재는 자유 영혼의 기질이 있다.

이 사주에서 시지(時支) 오화(午火)는 정관인데, 정관 오화는 일지(日支) 자수와 자오충(子午沖)을 하면서 정관의 힘을 발휘하지 못한다. 정관은 조직이나 질서에 적응하는 순응력인데, 일지 자수(子水) 상관에 의해서 정관 오화(午火)가 극 당하면 정관 역할을 하지 못한다. 시지(時支) 오화의 지장간 정화(丁火)는 시간(時干) 임수와 정임합목(丁壬合木)도 하기에, 정관 기능을 제대로 하지 못한다. 그래도 이 사주에서 시지(태어난 시간의 지지) 오화가 정관으로 있기에, 이 사주는 식신생재(食神生財) 하면서 정관 같은 질서를 존중하기도 하면서, 창의적인 일을 하면서 먹고살기를 할 수 있다. 사주는 어떻게 먹고살지, 장수하며 건강하게 살지, 부자가 될지, 자식운, 부부운, 부모운이 좋을지를 보는 게 일반적이다. 사주명리학은 문사철(文史哲) 같은 인문학의 인격 수양을 위한 학문이 아니다. 사주학은 생활의 길흉화복(吉凶禍福)을 담론하는 이론이다.

이 사주의 연지(年支) 인목(寅木)은 일간 경금에게 편재이다. 편재는 바깥 활동을 활발하게 하며 돈을 벌어오는 십성(十星)이기에 아버지를 상징한다. 이 사주에서 아버지인 편재가 연지에 있다. 연지(年支)는 일간(나)에게서 가장 멀리 있기에 연지의 영향력은 크지 않다. 연지에는 비견이나 겁재가 있으면 좋다. 일간에게서 멀리 있다는 의미는 일간에게 크게 영향을 미치지 못한다는 의미이다. 일간 경금에게 연지 인목 편재는 멀리 있고, 월지(月支) 신금(申金)에게 금극목

(金剋木)을 당하기에 이 사주의 아버지(편재)는 일간 경금에게 큰 도움이 되지 못한다. 아버지가 일찍 돌아가실 수도 있고, 부모가 이혼할 수도 있고, 아버지의 도움 없이 일간 경금은 자수성가하는 편이다.

이 사주가 남자라면 아내복이 약하다. 일지(日支)는 아내 자리인데, 아내 자리에 상관이 있으면, 상관생재(傷官生財)해서 아내에게 처음에는 잘하지만, 나중에는 냉소적으로 화내고, 직설적으로 말을 함부로 하기에, 아내와 사이가 좋지 않다. 남자 사주 일지가 식신이면 상관보다는 순하고 친절하다. 일지가 상관이면 관성(질서)을 극 하기에, 자기 마음대로 되지 않으면 분노하고 욱하고 상대방을 가슴 아프게 한다. 남자 사주에서 아내복이 있으려면 정재가 일지에 있거나, 월간(月干)이나 시간(時干)에 정재가 있으면 좋다. 편재는 처음에는 아내에게 잘해도, 나중에는 아내에게 소홀히 한다. 요즘 같은 현대 사회에서 옛날의 사주 이론이 딱 맞는 이론은 아니지만, 남자 사주에 아내 운이 있으려면 정재가 편재보다 좋다. 편재는 정재보다 돈을 많이 벌 수 있어도, 돈을 낭비하기에, 부자가 되기 힘들다. 돈 관리를 잘하는 남자가 아내 관리도 잘한다. 남자에게 재성은 돈이면서 아내이다.

이 사주는 일지가 상관이라서 자유 영혼이다. 상관은 남의 간섭이나 명령받는 일을 싫어하기에, 자기가 하고 싶은 일을 하는 편이다. 상관은 관성을 극 하기에 관성(조직이나 단체)과 어울리지 못해서 혼자 일하는 개인 사업이 좋다. 상관은 조직이나 단체가 월급을 많이 주지 않으면서 부려 먹기만 하면, 직장을 그만두고 자기가 하고 싶은 사업을 한다. 상관이 관성을 극 하기에 십성 중에서 명예 욕망이 가장 강하다. 상관은 관성보다 잘나고 싶은 욕망이다. 관성을 이기고 싶은 상관은 공부를 열심히 해서 사회적 지위를 얻으면, 뛰어난 문제해결자일 수 있다. 그런데 상관이 객관적 사회적 실력 없이 관성을 극 하면 구설수와 관재수를 당할 수 있다. 다행히 이 사주는 천간에 식신 임수(壬水)가 있고, 일지(日支)가 상관이라서 식신의 순한 기질과 상관의 직설적 기질이 동시에 있다. 상관이 돈의 중요성을 알면, 관성(사회적 합의)과 타협하면서 돈벌이를 착실하게 할 수 있다.

이 사주 남자는 2023년 계묘년이 62세, 갑인 대운이다. 일간 경금에게 갑인 대운은 편재 대운이다. 편재는 일을 열심히 해서 돈을 벌고, 번 돈을 사람들과 나눠 쓴다. 편재는 자기 사업을 해서 버는 돈이거나, 주식이나 투자로 번 돈이다. 편재는 돈 쓰기도 잘해서 돈을 모으기 힘들다. 편재는 돈을 벌어도 쓰기에 돈이 없을 수 있다. 사주에서 편재 운이 들어오면 번 돈을 저축해야 돈을 벌 수 있다. 편재 대운에는 돈이 수중에서 떨어지지 않기에, 돈 관리만 잘하면, 노후에 쓸 돈을 벌 수 있다. 이 사주는 식상이 발달해 있기에, 편재 운에 식상생재 하면서 일을 열심히 할 수 있다. 나이 60대에 일할 수만 있어도 좋은 사주이다. 나이 60대에 편재 대운이면 직장인으로 살기보다는 자기 사업을 하며 산다.

이 사주 여자는 2023년 계묘년이 62세, 임인(壬寅) 대운이다. 일간 경금에게 임인 대운은 식신과 편재 운이다. 60대 대운이 식신생재 운이면 놀지 않는다. 아르바이트나 파트타임 일을 하면서라도 돈을 번다. 식신생재는 집안에 가만히 있지 못하고, 바깥 활동을 하면서 돈을 버는 생활력이다. 월급 생활을 하든, 자기 사업을 하든, 일하면서 돈을 버는 생활이 식신생재이다. 60대에 식신생재 운이라면 자기 에너지를 바깥으로 내보내기에 노환으로 몸이 아플 수 있다. 이 사주는 일간 경금에 해당하는 폐, 대장, 척추, 뼈가 아플 수 있다. 연지(年支) 인목에 해당하는 간, 담, 췌장, 머리가 아플 수 있다. 시지(時支) 오화에 해당하는 심혈관, 심장, 소장도 아플 수 있다. 나이 60대에 식신생재 운이라면 건강관리를 하면서 돈을 벌어야 오래 산다.

38. 신축 일주

시주	일주	월주	연주	사주
丙	辛	癸	己	천간
申	丑	酉	酉	지지

 이 사주는 양력 1969년 9월 23일 신시(申時) 사주이다. 남자라면 대운이 역행하여 임신(壬申), 신미(辛未), 경오(庚午) 운으로 흐르고, 2023년 계묘년이 55세, 정묘(丁卯) 대운이다. 여자라면 대운이 순행하여 갑술(甲戌), 을해(乙亥), 병자(丙子) 운으로 흐르고, 2023년 계묘년이 55세, 기묘(己卯) 대운이다. 이 사주는 사주에 금(金) 기운이 많다. 일간과 같은 금 기운인 비견 겁재가 많아서 신강(身强) 한 사주이다. 사주에 비겁이 많으면, 살면서 인간관계가 많다. 챙겨야 할 혈육도 많고, 부모도 모셔야 한다. 비겁은 일간(나)이 관계 맺는 사람들이다. 사주에 비겁이 많으면 사람으로 인해서 마음 아프고, 사람 때

문에 힘을 내서 살기도 하지만, 일간의 기운이 세기에 독불장군의 독재자 기질도 있다.

비겁의 장점은 쓰러지지 않는 자수성가 능력이다. 비겁이 많으면 부모에게 재산을 물려받아도 다 잃어버리고, 자기 스스로 다시 시작해서 성공한다. 사주에 비겁이 있어야 식상을 생하고, 재성을 지배하고, 관성에 대항하며, 인성을 받아들인다. 비겁은 자존심과 자존감이다. 그런데 사주에서 네 개 이상의 비겁은 오만과 과신으로 이어져, 주어진 상황에 협조하지 못하고, 자기가 하고 싶은 일을 하면서 지배적으로 살 수 있다. 사주에 비겁이 많으면 되도록 타인과 협력하면서, 상황을 객관적으로 이해하고, 시야를 넓게 가져야 손재수(損財數) 없이 잘살 수 있다. 비겁이 많으면 일간 주변에 혈육이나 인맥이 많아서 외롭지 않지만, 경제활동에서 손해 보는 경우가 더 많다. 비겁은 처음에는 사람을 순수하게 좋아해도, 사람에게 몇 번 배반당하면 사람에 대한 신뢰감을 잃고, 나중에는 손익 계산을 따지며 살게 된다.

이 사주의 지지를 보면 연지(年支) 유금(酉金), 월지(月支) 유금, 일지(日支) 축토(丑土)의 지장간에 있는 신금(辛金), 시지(時支) 신금(申金)이 다 일간 신금(辛金)을 지지해주는 금(金) 기운으로 비견과 겁재이다. 시간(時干) 병화(丙火)는 일간 신금(辛金)과 병신합수(丙辛合水)를 해서 수(水) 기운으로 변할 수 있기에, 시간(時干) 병화가 일간(나) 신금(辛金)에게 정관 기능을 하기보다는 금생수(金生水) 하는 식신의 역할을 할 수 있다. 사주가 비겁이 많으면, 비겁을 극 하는 관성 운도 좋은데, 관성 운보다 더 좋은 운은 식상 운이다. 사주는 생 하는 것을 더 좋아하고 잘하기에, 극 하는 운보다 생 하는 운으로 먼저 작용한다. 이렇게 비겁이 많은 사주는 비겁이 생 해주는 식상 운이 용신(用神)으로 작용한다. 용신은 일간에게 좋은 신이다. 대운이나 세운에서 용신이 되는 수(水) 기운인 천간 임계수(壬癸水) 운이나, 지지의 진신해자축(辰申亥子丑) 운이 이 사주에서 좋은 역할을 한다.

이 사주에서 일간 신금(辛金)이 금생수(金生水) 하는 식상운(食傷運)은 일을 무서워하지 않고 일을 열심히 한다. 식상은 의식주를 해결하는 먹고살기의 신(神)이다. 사주에서 식상이 두 개 정도 있어서 적절하게 발달하면, 일평생 먹고사는 문제는 자기 스스로 해결하며, 어느 정도 부자로 살 수 있다. 이 사주가 남자라면 비겁이 많아서 재성을 극 하기에 아내운이 약해서 미혼남이거나, 이혼남이거나, 아내 없이 혼자 사는 사별남일 수 있다. 남자 사주에서 비겁이 네 개 이상이면 가정생활보다는 바깥 생활을 활발하게 하는 편이라서, 집안일을 하는 아내에게 소홀하고, 비겁이 많은 남자는 자기 위주의 삶을 살기에, 아내의 아픔을 배려하지 못한다. 사주에 비겁이 네 개 이상인 남자 사주는 되도록 여자의 마음을 이해하는 연습을 해야 결혼도 하고, 아내와 해로(偕老)할 수 있다. 이 사주가 남자라면 아내 자리인 일지(日支) 축토가 편인이다. 편인은 사랑을 주기보다는 받으려고 하는 기질이다. 축토의 지장간이 계신기(癸辛己)인데, 일간 신금(辛金)에게 식신, 비견, 편인이어서, 아내 정재가 있을 수 없는 자리이다. 이 사주가 남자라면 아내인 정재 인목(寅木)이 금극목(金剋木)을 당해서 살아남을 수 없기에 아내복이 약하다.

　이 사주가 남자라면 2023년 계묘년이 55세, 정묘(丁卯) 대운이다. 일간 신금(辛金)에게 정화(丁火)는 편관, 묘목(卯木)은 편재이다. 편재와 편관은 재생관(財生官)을 해서 편관의 힘이 강해진다. 편관운이 오면 일간 신금(辛金)은 환경에 적응하며 산다. 편관은 일간 신금(辛金)이 참아야 할 사회적 스트레스이다. 이 사주의 남자는 편관운이 와도 사주가 비겁이 많기에 편관의 스트레스를 충분히 받아낼 수 있다. 2023년이 계묘운(癸卯運)이라서 일간 신금(辛金)에게 식신과 편재운이다. 이 사주의 일간 신금(辛金)은 2023년 계묘년에 식신생재(食神生財)를 해서 돈을 벌 수 있다. 그러나 사주에 비겁이 네 개 이상이라서 일을 해서 돈을 벌어도 돈이 나갈 일이 많다. 대출 빚을 갚거나, 사업으로 재투자를 하거나, 가족의 애경사로 돈이 나간다. 사주에 비겁이 많으면 돈 관리를 잘해야 수중에 돈이 있게 된다. 비겁은 자기도 모르게 돈이 나가는 손재수(損財數)이기에, 비겁이 많은 사주는 항상 소비나 재테크를 할 때 조심해서 해야 한다.

　이 사주가 여자라면 2023년 계묘년이 55세, 기묘(己卯) 대운이다. 일간 신금(辛金)에게 기묘(己卯) 대운은 편인과 편재운이다. 편재는 편인을 극 하기에 편재의 기운이 더 세다. 대운이 편인을 극 하면 편인에 해당하는 문서운, 명예운, 승진운, 합격운이 좋지 않게 흐른다. 편재(돈)를 탐하다가 편인(명예)을 잃는다. 현대 사회에서는 명예보다는 돈을 추구하기에 재극인(財剋印) 운에서 명예를 잃는 일이 흔하다.

그러나, 정치인이나 사회적 명망이 있는 사람이라면, 재극인 운에서 명예 실추가 있을 수 있기에, 편재가 편인을 극 하는 운에서는 뇌물을 받지 말고, 청렴하게 사는 게 좋다. 돈을 탐하다가 좋지 않은 일이 일어나는 운이 재극인 운이다. 재극인 운에서는 돈보다는 명예나 양심을 추구하는 삶을 사는 게 좋다.

 이 사주는 금 기운이 많기에, 금(金) 기운에 해당하는 폐, 대장을 관리하고, 금극목(金剋木)을 당하는 목(木) 기운에 해당하는 간, 담, 췌장을 관리하고, 병신합수(丙辛合水)로 사라지는 병화(丙火)에 해당하는 심혈관계인 심장과 소장을 관리해야 건강하게 오래 산다.

39. 임인 일주

시주	일주	월주	연주	사주
壬	壬	己	庚	천간
寅	寅	丑	戌	지지

이 사주는 양력 1971년 1월 17일 인시(寅時) 사주이다. 남자라면 대운이 순행하여 경인(庚寅), 신묘(辛卯), 임진(壬辰) 운으로 흐르고 2023년 계묘년(癸卯年)이 53세, 갑오(甲午) 대운이다. 여자라면 대운이 역행하여 무자(戊子), 정해(丁亥), 병술(丙戌) 운으로 흐르고, 2023년 계묘년이 53세, 계미(癸未) 대운이다. 일간 임수(壬水)가 기축월(己丑月)에 태어나서 자기 기운이 있다. 자기 기운은 비견과 겁재이다. 사주의 지지(地支)에서 일간의 기운을 밀어주는 비견과 겁재가 있다면, 세상을 살면서 버틸 수 있는 인맥과 의지력이 있다. 이 사주에서 일간 임수에게 월지(月支) 축토는 정관(正官)이다. 정관은 일간

임수를 합리적으로 사회화시켜서 상황과 여건에 적응하게 한다.

일간 임수(壬水)에게 월지 축토(丑土)는 정관이지만, 축토의 지장간(支藏干)에 계수(癸水)가 있어서, 일간 임수 입장에서 계수 겁재는 임수의 수원지(水原支)이기에, 이 사주의 일간 임수는 자기 힘이 강하다. 일간 임수에게 겁재 계수는 마르지 않는 수(水) 기운의 근원이고, 세상의 시련에 맞서는 용기로 작용한다. 지지에서 밀어주는 하나의 겁재는 건강운, 인맥운, 형제 자매운, 자존심, 자존감으로 작용한다. 이 사주에서 축토의 지장간 계수 겁재는 일간 임수에게 좋은 역할을 하는 근원이 되어준다. 사주에서 네 개 이상의 겁재는 손재수(損財數)처럼 해롭게 작용하고, 두 개 이하의 겁재는 인맥과 건강운으로 이롭게 작용한다.

월주(月柱) 기축월(己丑月)이 일간 임수에게 정관이다. 이 사주는 정관격이다. 사주학에서 격(格)은 월지(月支) 십성(十星)이다. 월지 십성으로 격을 정할 수 없는 예외도 몇 있지만, 대부분 사주의 80%는 월지(태어난 달)가 격(格)이다. 격(格)은 십성 중 하나이다. 십성은 비견, 겁재, 식신, 상관, 정재, 편재, 정관, 편관, 정인, 편인이다. 격(格)은 사주 당사자의 기본 성향이다. 비견은 건강한 추진력, 겁재는 독단적 경쟁력, 식신은 천진한 생활력, 상관은 반항적 생활력이다. 정재는 착실한 일꾼, 편재는 욕심 많은 일꾼으로, 사주에 재성(財星)이 있으면 돈을 벌기 위해 일을 열심히 한다. 정재는 모으는 돈이고, 편재는 쓰는 돈이기에, 사주에 편재가 네 개 이상이면 돈을 벌어도 돈이 없다.

정관은 합리적 조직인, 편관은 희생적 조직인이다. 정관은 조직 내에서 눈치껏 자기 실속을 차리면서 자기도 살고 타인도 살린다면, 편관은 자기는 희생하고 타인을 살릴 수 있는 공익 정신이다. 정관은 조직이나 단체에 무리 없이 적응한다면, 편관은 너무 열심히 적응하다가 몸이 아프거나 자기만 손해 볼 수 있기에, 사주에 편관이 네 개 이상이면 체력이 약해지거나 병에 걸릴 수 있다. 정인(正印)이 사람들과 잘 어울리고 순조롭게 인정받는다면, 편인(偏印)도 정인처럼 사람들과 어울리면서 인정받지만, 편인은 의심이 많고 모든 일을 혼자 하려는 심리가 강하다. 정재, 정관, 정인은 주어진 환경과 상황에 큰 갈등 없이 적응한다. 편재, 편관, 편인은 잘 적응하는 것 같아도, 자기식대로 일이 진행되지 않으면 돈 문제, 직장 문제, 문서 문제 등으로 마음이 아플 수 있다.

이 사주 임인 일주는 정관격(正官格)이라서 주어진 상황이나 환경에 불평 없이 적응하는 순한 성격이다. 그리고 일주(日柱)가 식신이라서, 일하고 돈 벌고 자식을 잘 키울 수 있다. 여자 사주에서 식신은 자식이다. 여자 일지(日支)가 식신이면 부지런하고 자식을 잘 키우고 생활력이 좋다. 이 사주가 여자라면 2023년 계묘년이 53세, 계미 대운이다. 이 사주는 정관의 질서를 지키면서 식신의 생활력으로 부지런히 사는 일꾼의 사주이다. 여자 사주에서 식신은 자식이다. 일지(日支)는 배우자 자리인데, 일지에 식신이 있다면, 결혼한 여자는 자식 위주의 삶을 산다. 이 사주의 여자는 월주(月柱)가 정관(正官)이라서 남편의 말을 잘 듣는 편이고, 자식에게도 희생하면서 산다. 이 사주의 일지(日支) 인목의 지장간 무토가 편관이고, 시지(時支) 인목의 지장간 무토도 편관이고, 연지(年支) 술토도 편관이고, 월지(月支) 축토도 정관이라서 이 사주는 관성이 많은 사주이다. 여자 사주가 관성이 많으면 일만 열심히 하다가 몸이 약해질 수 있다.

이 사주의 여자는 관성이 많아도, 축토의 지장간에 계수가 있어서 그나마 겁재 계수의 도움을 받아 열심히 살 수 있다. 남자나 여자나 관성이 많으면 일복이 많다. 관성은 삶에서 참아내야 할 스트레스이고, 관성의 스트레스를 참아내면 사회적 명예나 안정적인 삶을 살 수 있다. 관성은 '이렇게 해라'라는 사회적 합의의 질서로, 그 질서를 지키면서 사회적으로 보호받고 안정적으로 산다. 관성은 사회에서 개인을 보호하는 공공의 규율이다. 이 사주의 여자는 2023년 계묘년이 53세, 계미(癸未) 대운이다. 일간 임수에게 겁재 계수는 건강운을 좋게 만들고, 일을 추진하는 힘으로 도움이 된다. 그러나 세운(歲運) 계묘년도 겁재운이고, 대운(大運) 계미년도 겁재운이기에, 2023년에 손재수(損財數)가 있다. 손재수가 있으면, 돈 관리를 잘해야 하고, 무리한 투자는 하지 말아야 한다. 돈을 더 벌려고 욕심내서 일을 벌이면 빚을 질 수 있다.

이 사주의 여자는 대운 계미(癸未) 운이 이 사주의 임인(壬寅) 일주와 인미(寅未) 귀문관살을 짠다. 귀문관살은 신경이 예민하고 우울하고 불안하다. 외로움과 소외감과 고독이 귀문관살이다. 그리고 계미 대운은 월주(月柱) 기축(己丑)과 계기충(癸己冲), 축미충(丑未冲)

을 하기에 관성(직업)이 흔들린다. 관성은 여자에게 남자이며 남편이고 직업이다. 이 사주의 여자는 이 시기에 남편과 갈등이 있고, 남편이 아프거나, 남편이 하는 일이 잘 안 되거나, 혹은 이 사주 당사자인 본인이 힘들게 살 수 있다. 그래도 임인 일주는 식신이기에, 식신은 주저앉지 않는 생활력이기에, 계미 대운을 잘 이겨낼 수 있다. 사주는 좋은 쪽으로 먼저 운이 흐른다. 나쁜 쪽의 운은 개인의 자유의지로 이겨낼 수 있다. 사주에 비겁이 많으면 손재수로 힘들지만, 사주에서 한두 개의 비겁은 세상에 맞서서 힘듦을 헤쳐나갈 수 있는 자생력(自生力)이 되어준다.

40. 계묘 일주

시주	일주	월주	연주	사주
甲	癸	壬	丙	천간
子	卯	辰	午	지지

 이 사주는 양력 1966년 4월 14일 야자시(夜子時) 사주이다. 야자시는 밤 12시 전에 태어난 시간이다. 남자라면 대운이 순행해서 계사(癸巳), 갑오(甲午), 을미(乙未) 운으로 흐르고, 2023년 계묘년(癸卯年)이 58세, 무술(戊戌) 대운이다. 여자라면 대운이 역행해서 신묘(辛卯), 경인(庚寅), 기축(己丑) 운으로 흐르고, 2023년 계묘년이 58세, 병술(丙戌) 대운이다. 일주 계묘가 임진 월에 태어나서 격은 정관격(正官格)이다. 진토(辰土)의 지장간이 을계무(乙癸戊)인데, 을계무가 천간에 떠 있지 않아서, 월지(月支) 진토가 정관이라서 정관격이다. 진토 속의 을목이 시간(時干) 갑목과 같은 목(木) 기운이라서 일간 계수

입장에서 갑목 상관격(傷官格)이라고 하기도 하는데, 격은 월지가 기준이기에, 이 사주는 정관격이다.

정관격의 용신(用神)은 재성(財星)이나 인성(印星)이다. 정관은 극(剋) 당하는 것보다, 생(生) 함을 받고 생 해주는 일을 더 좋아한다. 정관, 정인, 정재는 생 하는 운을 더 좋아하기에 정관격의 용신은 정재나 정인이다. 반면에 겁재, 상관, 편재, 편관, 편인은 생 함도 좋아하지만, 극 당하는 운도 좋게 작용한다. 정관은 일간(나)을 극 하는데, 상황과 여건에 맞게 극 하기에, 일간을 합리적으로 조직이나 단체에 적응하게 한다. 정관은 일간을 적당하게 다스려서 일간이 사회에 적응하도록 돕는 지배자이며 규율이며 질서이다. 정관격의 사람은 웬만해서는 윗사람에게 대항하지 않고 순응하며, 아랫사람에게도 갑질하지 않고 융통성 있게 대한다. 정관격은 직장생활도 유연하게 잘하는 편이다.

살다 보면 자아가 여럿임을 알 수 있다. 십성도 각각의 자아가 있다. 비견은 타인과 '나'를 평등하게 생각하는 자아이고, 겁재는 친구처럼 잘해주지만, 타인을 지배하는 자아이다. 식신은 타인에게 사랑을 주는 자아이고, 상관은 타인을 사랑하면서 지배하려는 자아이다. 정재는 타인과 합리적으로 계산을 정확하게 하는 자아이고, 편재는 이해타산하면서 손해 보지 않으려는 자아이다. 정관은 사회적 합의를 지키는 자아이고, 편관은 희생하며 참는 자아이다. 정인은 타인에게 사랑받는 자아이고, 편인은 타인에게 사랑받아도 타인을 의심하는 자아이다. 사주에서 월지(月支)는 그 사람의 기본 성향이기에, 월지 십성에 따라 바깥으로 드러나는 자아의 성향을 알 수 있다. 이 사주는 월지가 정관(正官)이기에 합리적 질서와 규율을 지키는 성향이 있다.

이 사주는 월지(月支)가 정관이다. 정관은 재성과 인성을 좋아한다. 일간 계수에게 월간(月干) 임수는 겁재이고, 시간(時干) 갑목은 상관이다. 이 사주 월지(月支) 정관은 임수 겁재의 묘지(墓支)이기에 임수 겁재를 잘 달래서 겁재(손재수) 역할을 하지 못하게 막을 수 있다. 월지 진토(辰土)는 일지(日支) 묘목(卯木)을 만나면 묘진합목(卯辰合木)이 되고, 지지의 목(木) 기운이 시간(時干) 갑목 상관에게 힘을 보태기에, 이 사주는 정관격이지만 상관의 힘이 강한 편이다. 연주(年柱) 병오(丙午)는 일간 계수에게 정재와 편재이다. 연주에 편재가 힘이 있으면, 편재가 인성을 극 하기에, 아버지가 어머니보다 힘이 세다. 편재(아버지)는 인성(어머니)을 재극인 하기에, 연주 편재가 강하면 어머니가 약할 수 있다. 연주(年柱) 재성이 강하면 인성을 극 하기에 학창 시절에 공부운이 약하고, 공부에 관심 없을 수 있다.

이 사주는 비겁 생 식상, 식상 생 재성의 구조이다. 비겁이 식상을 생하고 식상이 재성을 생 하는 사주이기에, 이 사주는 공부운이 약하다. 사주에서 인성(印星)도 식상(食傷)도 머리가 좋아서 공부를 잘할 수 있지만, 머리가 좋다고 공부를 좋아하는 것은 아니다. 공부를 좋아하고 공부를 잘하는 사주는 인성이고, 머리가 좋아도 공부에 관심 없는 사주는 식상이다. 인성은 학문적 이론적인 공부이고, 식상은 실제적 공부라서 사회생활을 잘하는 꾀돌이로 사회성이 좋은 머리이다. 사주가 식상생재로 구성되어 있으면, 학창 시절에 열심히 공부해도 성적이 좋게 나오지 않는다. 식상생재는 친구를 좋아하고 인간관계를 좋아하고 새로움을 좋아하고, 학교 지식 같은 공부에는 재미를 느끼지 못한다. 식상생재는 자기가 하고 싶은 공부와 일만 하려고 하는 개성이 강한 개인주의, 자유 영혼의 사주이다.

이 사주의 남자는 2023년 계묘년이 58세, 무술(戊戌) 대운이다. 이 사주는 식상생재의 기운이 강하기에 식상생재할 수 있는 비겁운(比劫運)이 도움이 된다. 비겁이 식상을 생(生)하고 식상이 재성을 생 하면 돈벌이를 열심히 한다. 현대사회에서는 자기가 하고 싶은 일을 하면서 돈을 벌고, 건강하면 행복한 사람일 수 있다. 건강은 비겁이고, 식상생재는 일과 돈이다. 이 사주의 일주(日柱) 계묘(癸卯)는 무술 대운이 오면 무계합화(戊癸合火), 묘술합화(卯戌合火)가 되어 일간 계수에게 무술 대운이 화(火) 기운으로 작용하여 대운이 재성운으로 움직인다. 이 사주의 남자는 50대 무술 대운에 일을 열심히 하고 돈을 벌 수 있다. 돈을 벌어도 돈을 쓰지 않고, 돈을 모으려면 돈을 지키는 관성(官星)이 사주에 있으면 좋다. 관성은 돈을 쓰는 비겁을 제압해서 돈을 모으게 한다.

이 사주의 남자는 무술 대운에 화(火) 기운으로 자기 기운이 나가기에 건강관리를 해야 한다. 이 사주에서 일하고 돈을 벌려면 비겁이 있어야 하는데, 다행히 이 사주는 시지(時支) 자수(子水)가 있어서 이 사주의 일간 계수를 비견으로 돕고 계수의 건강을 유지해 준다. 그런데 돈을 아끼고 알뜰하게 저축하는 관성(官星)이 이 사주에서 약하기에, 50대 대운에서 벌어들인 돈을 재테크(財tech)할 때 신중하게 생각하고 돈을 재투자해야 한다. 이 사주 일간 계수에게 월지(月支) 진토(辰土)가 정관이지만, 진토가 일지(日支) 묘목과 만나면 묘진합목(卯辰合木)이 되어서, 일간 계수에게 정관 역할을 하지 못하고 식상으로 작용한다. 식상생재는 돈이 있으면 쓰는 편이며, 돈은 계속 벌면 된다고 하면서 저축하는 습관이 약하다. 그래서 이 사주는 돈을 벌면, 돈을 저축하거나 부동산에 투자해야 노후에 돈 걱정 없이 살 수 있다.

이 사주는 일주가 계묘라서 일을 열심히 하는 식신(食神)이기에, 자기 먹을거리는 충분히 해결하는 경제적 능력이 있다. 계묘 일주는 천을귀인이며 식신이고 장생(長生)이다. 천을귀인은 보이지 않는 인맥의 도움이고, 식신은 먹을 복이고, 장생은 좌절하지 않는 낙관적 태도이며 수명복(壽命福)이다. 계묘 일주는 소박하게 자기 인생은 책임지며 살 수 있다.

part 5
환절기

갑을목은 진월에 뿌리가 튼튼하고
병정화는 미월에 무더위가 한창이고
무기토는 진미술축월에 힘이 좋고
경신금은 술월에 외형이 완성되고
임계수는 축월에 찬 기운을 형성한다

41. 십 천간의 궁합

일간 갑목은 경금 편관, 병화 식신, 정화 상관, 임수 편인, 계수 정인이 있으면 일생 편하다. 경금 편관으로 일간 갑목이 너무 많이 자랄 때 가지치기를 한다. 병화 식신은 겨울철에 조후용으로 쓸 수 있다. 일간 갑목이 땔감이 되어 정화 상관을 살리면 갑목은 상관생재를 해서 돈을 벌 수 있다. 갑목이 가뭄에 시들지 않기 위해 계수 정인이 항상 옆에 있으면 좋다. 갑목은 임수 편인과 병화 식신이 있으면 아름답게 자란다.

인월(寅月)의 갑목은 경신금 관성을 쓸 수 없다. 경신금이 새싹을 베기 때문이다. 이럴 때는 정화로 경신금을 제련하면 좋다(상관대살, 상관견관). 진월(辰月)의 갑목은 임수 편인이 좋다. 경금 편관이 임수 편인을 금생수로 생 하면서 갑목을 도우면 좋다(살인상생). 갑목에게 병화 식신이 필요한 계절은 인유해자축월(寅酉亥子丑月)이다. 갑목에게 계수 정인의 도움이 필요한 계절은 인사오미술월(寅巳午未戌月)이다.

십 천간 중 갑목이 가장 욕심이 많고, 계수가 가장 욕심이 적다. 갑목은 자라기 위해 땅(무토)과 태양(병화)과 물(임수)과 도끼(경금)가 필요하지만, 계수는 물이 마르지 않기 위해 금생수(金生水)를 해주는 경금만 있으면 된다.

일간 을목은 지초, 화초이다. 사계절 내내 무기토 재성과 병화 상관과 계수 편인을 좋아한다. 을목에게 경신금은 필요 없다. 경신금은 을목 꽃을 베어버린다. 을목은 관인상생보다는 식상생재가 좋다. 신유월(申酉月)의 을목은 병화 상관으로 자기 재능을 펼치거나(상관대살, 상관견관), 계수 편인과 뿌리내릴 기토 편재만 있으면 좋다(인다용재). 해자축월(亥子丑月)의 을목은 병화 상관만 있어도 좋다.

일간 병화는 임수 편관을 가장 좋아한다. 임수 편관이 있어야 물결이 수정처럼 빛나며 아름답다. 신약한 병화에게 무기토 식신과 상관은 병화의 기운을 빼앗아가기에 좋지 않다. 병화는 불을 살리는 갑목 편인을 좋아한다(목생화). 해자축월(亥子丑月)의 병화는 임수 편관을 꺼리고, 갑목 편인을 반기며, 신유술월(申酉戌月)의 병화 역시 갑을목 편인과 정인이 필요하다. 병화는 임수와 갑목이 좋다(관인상생).

일간 정화는 작은 불로 땔감인 갑목 정인이 필요하다(목생화). 갑목을 경금 정재로 쪼개서 땔감으로 쓰면 더 좋다(벽갑인정). 을목 편인은 습목이라서 정화 불을 살릴 수 없다. 오월(午月)의 정화는 자체적으로 뜨거워서 갑목 정인이 필요 없다. 해자축월의 정화는 병화 겁재가 필요하다. 음간에게 겁재는 좋게 쓰인다.

　일간 무토는 병화 편인과 계수 정재, 갑목 편관이 있으면 아름다운 산이 된다. 오월(午月)의 무토는 계수보다 임수가 좋다. 신유월(申酉月)의 무토는 토생금이 좋기에 경신금(庚辛金) 식신 상관이 좋다(식상생재). 가을의 무토에게 갑목 편관은 필요 없다. 가을의 무토는 병화 편인이 좋다(화생토). 해자축월(亥子丑月)의 무토는 임수가 강하기에 계수가 필요 없고 병화 편인이 좋다.

　일간 기토는 전원 흙이다. 병화 정인으로 땅을 따뜻하게 하고 계수 편재로 촉촉하게 하면 농작물(갑을목)이 잘 자란다(인다용재). 일간 기토에게 임수 정재는 기토를 진흙땅으로 만들어서 파종하지 못하게 만든다. 묘월(卯月)의 기토는 계수 정재와 갑을목(甲乙木) 정관과 편관이 좋다(재생관). 해자축 월의 기토는 임계수 정재와 편재가 병이 된다.

　일간 경금은 정화 정관으로 제련하면 예리한 도구가 된다. 정화 정관이 꺼지지 않으려면 갑목 편재가 옆에 있어야 한다(재생관). 경금은 정화 불이 있어야 생활 도구로 변한다. 해자축 월(亥子丑月)의 경금은 정화 정관과 병화 편관으로 조후한다. 사오미월(巳午未月)의 경금은 녹아버리므로 임계수 식신 상관이 도움이 된다. 신유술(申酉戌)월의 경금은 정화 정관으로 제련해서 임계수 식신상관으로 씻어내면 아름답다. 유월(酉月)의 경금은 양인살이기에 병정화인 편관정관이 좋다. 경금은 정화 정관, 갑목 편재, 임수 식신이 좋다.

일간 신금(辛金)은 사계절 내내 임수 상관이 좋다. 신금은 기토 편인과 무토 정인이 토생금하면 좋다. 해자축 월의 신금은 추워서 병화 정관이 필요하다.

일간 임수는 인묘진 월에는 경신금 편인, 정인이 금생수 해야 좋다. 사오미월의 임수는 임계수인 비견과 겁재가 좋고, 경신금인 편인정인으로 금생수 받으면 좋다. 신유술월의 임수는 금생수로 물이 풍족하다. 가을장마를 막을 무토 편관과 물을 증발시킬 정화 정재가 좋다(재생관). 유월(酉月)의 임수는 금백수청(金白水淸)으로 물을 흡수할 갑목 식신이 좋다. 겨울의 임수는 물이 많기에 무토 편관으로 제방한다. 임수는 갑목 식신, 병화 편재, 무토 편관, 경금 편인이 좋다. 양간끼리의 만남은 서로에게 도움이 된다.

일간 계수는 경신금인 정인 편인이 있어야 물이 마르지 않는다. 금생수를 받으면 계수 물이 마르지 않는다. 신월(申月)의 계수는 정화 편재와 갑목 상관도 좋다. 축월(丑月)의 계수는 병화 정재로 물이 얼지 않게 한다. 계수는 임수 겁재가 있으면 수원(水原)이 마르지 않는다. 일간 계수에게 갑목은 수생목으로 좋은 짝꿍이다.

42. 천간의 궁합

갑목 일간은 계절과 상관없이 뿌리 내릴 무토 편재가 기본으로 있어야 한다. 인월(寅月)의 갑목은 생목이고 추워서 병화가 필요하다. 묘월(卯月)의 갑목은 가지치기를 해야 해서 경금 편관이 필요하다. 진월(辰月)의 갑목은 더워지기 시작해서 임수 편인이 필요하다. 사월(巳月)과 오월(午月)의 갑목은 너무 덥고 가뭄일 수 있어서 임계수 편인정인이 필요하다. 미월(未月)의 갑목은 나무가 무성하기에 가지치기할 경금 편관이 필요하다. 가을의 갑목은 정화 상관과 경금 편관이 필요하고, 겨울의 갑목은 경금 편관과 조후용으로 병정화 식신상관이 필요하다.

일간이 갑목이면 사주에 무토가 있는지 살피고, 그 다음에 병화와 임수와 경금이 있는지를 살핀다. 일간이 양간이면 필요한 글자들도 주로 양간이다. 양간은 음간 글자로 생극제화(生剋制化)하기보다는 양간 글자가 와야 더 좋게 작용한다.

을목(乙木)도 뿌리 내릴 무토 정재가 기본적으로 필요하고, 계수 편인과 병화 상관이 있어야 잘 자란다. 을목은 사계절 내내 무토와 병화와 계수만 있으면 좋다. 갑을목은 나무이기에 무기토 땅이 있어야 뿌리내리고 살며, 잘 자라기 위해 병화 태양과 임수 물이 필요하다. 을목이 잘 살려면 무토 정재, 병화 상관, 임수 정인이 있어야 한다.

병화(丙火)는 지지에 뿌리가 없어도 하늘에서 빛나는 태양이다. 임수 편관을 좋아하고, 계수 정관은 햇살을 가리기에 싫어한다. 임수 바닷물에 병화 태양이 비추면 바닷물이 아름답다. 병화가 너무 더우면 임수 물이 병화를 식혀줄 수 있다. 봄여름의 병화는 임수만 있어도 되고, 가을 겨울의 병화는 무토 식신이 임수 편관을 조절해주면 더 좋다(식신제살). 병화에게 임수 편관과 무토 식신이 좋은 짝꿍이다.

정화(丁火)는 갑목 정인만 있으면 된다. 정화는 불이다. 불이 꺼지지 않게 땔감인 갑목이 필요하다. 혹은 불이 꺼지지 않게 유금(酉金) 기름도 필요하다. 갑목은 정화에게 정인이고, 유금은 정화에게 편재이다. 갑목이 너무 크면 갑목을 벨 경금 정재가 있으면 정화는 더욱 좋다. 정화는 갑목과 경금만 있으면 불이 꺼지지 않는다.

무토(戊土)는 병화 편인이 있어야 건강하다. 무토는 땅이기에 병화 태양이 땅 기온을 따스하게 만들어 곡식과 나무들이 잘 자라게 한다. 봄의 무토는 병화 편인이 필요하고, 여름의 무토는 화염토조(가뭄으로 갈라진 땅)가 될 수 있기에 임수 편재가 필요하다. 무토는 병화와 임수만 있어도 땅을 기름지게 하고 온갖 생명체를 길러낸다. 무토와 임수와 병화는 좋은 짝꿍이다.

기토(己土)는 갑을목 생명체를 기른다. 기토에게 갑을목은 정관편관이다. 기토는 관성의 제극(制剋)을 받아내는 힘이 있다. 자식을 기르는 모성(母性)이다. 자기를 희생해서 먹을 것을 만들어낸다. 임수 정재가 오면 진흙덩어리가 되어 생명체가 땅에서 자랄 수 없다. 기토는 습토이기에 계수 편재가 좋다. 사계절 내내 기토는 병화 정인과 계수 편재가 있으면 온갖 먹을 것(갑을목)을 길러낼 수 있다.

경금(庚金)은 정화(丁火) 정관으로 제련 받으면서 생활 도구가 되면 좋다. 임수 식신을 생하면 자기 재능을 뽐낼 수 있다. 봄여름의 경금은 병화 편관이 있어야 금이 녹아 그릇이 된다. 경금을 돕는 진토 편인은 경금을 생기 있게 만든다. 술미토는 건토라서 경금을 생할 수 없다. 가을 경금은 정화 정관과 갑목 편재가 필요하다. 겨울 경금은 금수상관 희견관으로 병정화인 편관과 정관이 필요하다. 경금이 무토 편인에 매금(埋金)되어 있으면 갑목 편재로 파헤쳐야 좋다.

신금(辛金)은 사계절 내내 임수 상관이 필요하다. 신금에게 임수 상관은 좋은 역할을 한다. 겨울의 신금은 금수상관 희견관으로 병정화인 정관과 편관이 필요하다. 신금은 완성된 보석이기에 보석을 깨끗하게 씻을 임수 상관이 가장 필요하다.

임수(壬水)는 경금 편인으로 금생수(金生水)만 잘 받으면 물이 마르지 않는다. 임수는 봄에는 갑을목 식신과 상관을 기르고, 여름에는 갑을목이 마르지 않게 돕고, 가을에는 금생수를 받아서 물이 풍부다. 겨울에는 임수가 차가울 수 있기에 병화 편재가 있으면 좋다. 사계절 내내 임수는 경금 편인만 있어도 좋다. 갑을목이 있으면 갑을목 식신 상관을 기르느라고 일을 열심히 한다.

계수(癸水)는 경신금(庚辛金)인 정인편인으로 금생수를 받아야 좋다. 임수와 계수는 물이기에 물이 마르지 않는 환경이 제일 좋다. 겨울의 계수는 조후용으로 병화가 필요하지만 사계절 내내 금생수를 받아야만 계수가 마르지 않는다. 수원(水源)인 경신금만 있으면 좋다.

43. 사주 추론 순서

사주를 보면 제일 먼저 팔자의 격국과 조후를 살펴야 한다. 격국(월지)을 십성으로 결정하고, 격국에 맞는 상신(相神)을 구한다. 사길신(식신, 정재, 정관, 정인)은 생 하는 글자를 상신으로 쓰고, 사흉신(상관, 편관, 편인, 양인겁재)은 극 하는 글자를 상신으로 쓴다. 그다음에 대운의 흐름에서 조후가 좋은지 나쁜지를 결정한다. 대운에서 조후(調候)가 좋으면 사는 일이 무난하다.

신왕 양간은 편관의 제복(制伏)을 좋아하고, 신왕 음간은 상관의 설기(洩氣)를 좋아한다. 사주가 신왕(사주가 비겁과 인성으로 구성됨)하면 양간은 관인상생이 좋고, 음간은 식상생재가 좋다. 양간은 웬만해서는 종(從)하지 않지만, 음간은 세력이 강한 오행으로 종(從)한다. 십 천간 중 하늘에 떠 있는 천간은 병화와 계수이다. 병화는 하늘의 불이고, 정화는 인간이 만든 불이다. 계수는 하늘의 물이고, 임수는 인간이 만든 저수지이다. 병화와 계수는 지지에 뿌리가 없어도 천간에서 제 역할을 한다.

사주에 화(火)가 치열하면 용 진(辰)이 해결자이고, 수(水)가 넘치면 호랑이 인(寅)이 해결자이다. 대운 글자가 팔자와 합이 되면 그 글자가 정지하는 게 아니다. 그 글자의 기운이 보호된다. 대운에서 천간을 극 하는 글자가 들어와도 천간에 생(生) 해야 할 글자가 있다면 극(剋) 하기 전에 먼저 생부터 한다. 선생후극(先生後剋)이다. 예를 들어 사주 지지에 묘목(卯木)이 있고, 천간에 경금(庚金)이 있을 때, 유금운(酉金運)이 와서 묘유충을 하는 게 아니라, 유금이 천간에 있는 경금에게 힘이 되어 주는 일을 먼저 한다. 선생후충(先生後沖)이다.

대운은 느리게 움직이고, 되도록 사주팔자에게 힘을 보태주려고 한다. 충으로 개고된 지장간이 기신(忌神) 천간을 합하면 좋고, 희신(喜神) 천간을 합하면 나쁘다. 형충으로 개고된 천간이 합거(合去)되지 않으면 모두 살아서 제 역할을 한다. 삼합(三合)은 각 글자의 고유성을 버리고 합이 되는 왕지(旺支) 역할을 하지만, 방합(方合)이나 육합(六合)은 각 글자가 제 역할을 하면서 합을 한다. 삼합은 충으로 소멸하지 않지만, 방합이나 육합은 충 운이 오면 각각의 역할을 한다.

사주에서 격국이 결정되면 그다음은 조후를 살핀다. 해자축 월의 갑목은 경신금이 천간에 있어서 관인상생이 되어 좋지만, 너무 추워서 갑목이 자랄 수 없기에 식신인 병화가 있어야 좋다. 금수상관(金水傷官) 희견관(喜見官)도 조후가 격국보다 중요하다는 의미이다.

봄의 갑목이 화(火)를 보면 목화통명(木火通明)으로 조후가 좋다. 여름의 갑목은 화(火)를 본다고 해서 목화통명이 되지 않고 목분화열(木焚火熱)이 된다. 가을철 경금이 수(水)를 보면 금수상함(金水相涵)해서 좋지만, 겨울철 경금은 임수(壬水)를 보면 얼어버린다(금침수탕(金沈水蕩)). 여름의 갑목은 임수를 보는 상관패인(傷官佩印)이 좋고, 겨울의 경금은 병화를 보는 상관대살(傷官帶殺)이 되어야 조후가 좋다.

격국은 내격과 외격으로 나눈다. 내격은 월지에 근거해서 정해지고, 외격은 월지 이외의 글자에 의해서 정한다. 정격은 내격이고, 변격은 외격이다. 정격(正格)은 강하면 극설(剋洩)하고, 약하면 부조(扶助)한다. 변격(變格)은 한 글자의 기운으로 종(從)하는 격국으로 종격(從格)이다. 별격(別格)은 억부희기(抑扶喜忌)의 틀을 벗어난 격국으로 화격(化格), 록인격(祿刃格), 양신성상격(兩神成象格), 일행득기격(一行得氣格)이다. 보통 팔자는 강약에 따라 인비(印比)와 식재관(食財官)으로 희기신(喜忌神)을 잡는다.

대운으로 조후를 살피고, 세운으로 억부를 살핀다. 사주가 화염토조(火炎土燥), 목분화열(木焚火熱), 금침수탕(金沈水蕩)이면 질병과 가난에 시달린다. 양간이 신약하면 정인과 편인이 모두 조력자가 된다. 음간이 신약하면 비견과 겁재가 조력자가 된다. 양간이 신왕하면 편관과 정관으로 극 받는 것이 좋고, 음간이 신왕하면 식신과 상관으로 설기하는 것이 좋다. 특히 을목에 병화 상관, 신금(辛金)에 임수

상관은 상관이 좋은 작용을 한다. 을목과 신금은 신왕신약을 떠나서 상관이 좋다. 음간이 신약하면 을목은 갑목 겁재가, 정화는 갑목 정인이, 기토는 병화 정인이, 신금은 경금 겁재가, 계수는 임수 겁재가 좋다.

만물이 자라려면 천간에 계수와 병화가 있어야 좋다. 팔자에 조후 용신이 있어야 건강하게 살며 하는 일이 순조롭게 진행된다.

44. 일반적 사주 해석

 오행을 두루 구성한 사주가 좋은 사주이다. 오행이 골고루 있으면 질병 없이 오래 살고, 인간관계도 원만하다. 그러나 화토(火土)나 목화(木火)나 금수(金水)로 된 사주는 조후(調候)가 시급하다. 조후가 없으면 질병에 걸린다. 화염토조(火炎土燥)나 목분화열(木焚火熱)은 암에 걸리기 쉽고, 금한수냉(金寒水冷)은 중풍에 걸리기 쉽다. 오행이 편중된 사주는 기운이 한쪽으로 쏠려 있어 병이 날 수 있다. 사주에 수(水) 기운이 없으면 융통성이 부족하기에 사주에 수(水) 기운이 하나쯤 있어야 사회생활을 물처럼 유연하게 할 수 있다.

 사주가 갑을목(甲乙木)으로 치우쳐 있으면 눈, 간, 담낭(쓸개), 당뇨, 신경계, 뼈가 약하고 목극토(木剋土)를 해서 소화기계가 약해진다. 사주가 병정화(丙丁火)로 치우쳐 있으면 혀, 심장, 소장, 혈관계, 고혈압, 고지혈이 생기고, 화극금(火剋金)을 해서 폐와 대장이 약해진다. 사주가 무기토(戊己土)로 치우치면 입술, 위장, 비장, 췌장, 소화기계, 당뇨가 생기고, 토극수(土剋水)를 해서 신장, 방광, 비뇨, 생식기, 허리가 약해진다. 사주가 경신금(庚辛金)으로 치우치면 코, 폐, 대장, 호흡기계, 기관지, 인후염, 뼈가 약하고, 금극목(金剋木)을 해서 간과 담낭이 약해진다. 사주가 임계수(壬癸水)로 치우치면 귀, 신장, 방광, 비뇨, 생식기, 공황장애, 우울증이 생기고, 수극화(水剋火)를 해서 심장과 소장이 약해진다.

사주 월지에서 투출한 천간이 가장 세력이 강하고, 그다음 시지에서 투출한 천간이 힘이 세다. 천간 글자 오행이 지지합(地支合)에는 뿌리내리지만, 충(沖) 하는 지지(地支) 위에 있는 천간 글자는 뿌리가 흔들린다. 합 된 글자는 그 글자의 기능을 반만 하고, 일간은 웬만해서는 간합(干合)으로 합 되지 않는다. 지지의 육합은 각 글자가 제 기능을 하지만 지지의 육충은 글자가 개고(開庫) 되면 제 기능을 할 수도 있고, 제 기능이 사라질 수도 있다. 지지의 육합도 합화(合化)해서 변화되려면 변화되는 오행이 천간이나 지지에 있어야 한다.

예를 들어 자축합토가 되려면 지지에 진술축미가 있거나, 천간에 무기토가 있어야 한다. 지지삼합(地支三合)은 한 기운으로 작용하고, 지지방합(地支方合)은 각 글자가 제 기능을 한다. 희신(喜神)을 합충하면 나쁘고 기신(忌神)을 합충하면 좋다. 합충의 순서는 선간(先干), 후지지(後地支), 연월일시 순서로 하고, 일간일지(一干一支) 원칙으로 작용한다. 지지충으로 개고된 지장간이 천간과 간합 되면 그 천간은 그해 동안은 기능하지 않는다. 공망은 팔자의 혈육 관계인 육친(六親)에서만 읽어주는데, '적천수'는 공망을 인정하지 않는다. 공망은 없어서 채우려는 의지 정도로만 읽는다.

비견은 친구이며 독립심이다. 사주에 비겁이 세 개 이상이면 고집이 세서 남녀 모두 배우자복이 없다. 겁재와 양인(羊刃)은 양명지본(養命之本)인 재성을 극 하기에 재물복이 없다. 양인이 세 개 이상이면 수술, 사고, 아버지가 일찍 사망할 수 있다. 비견, 겁재, 양인이 사주에 네 개 이상이면 부부복도 돈복도 약하다. 비겁이나 양인이 사주에 많으면 반드시 편관이나 식상을 써야 사주가 좋게 풀린다. 편관은 양인과 겁재를 제압한다. 식상은 양인과 겁재의 힘을 빼서 일하는 생활력이다.

식신과 상관은 자기 확신이 강해서 타인을 신경 쓰지 않는다. 식신은 편인운에 편인도식(偏印倒食)을 당하면 몸이 아프다. 편인도식 없이 사주가 식상생재를 하면 수명복, 식복이 있고, 여자에게는 자식복이 있다. 상관은 구설수가 많다. 겁재가 생 하는 상관은 지고는 못 살기에 이기려고 열심히 노력하다가 구설수와 관재수를 당한다. 상관은 정관(여자에게 남편, 남녀 모두 직업, 손님)을 치기에, 재성이 있어서 상관과 정관을 통관해주면 상관생재, 재생관으로 좋게 풀릴 수 있다. 혹은 상관패인(인성이 상관을 제압한다.)도 좋다. 상관견관을 해도 화염토조나, 목분화열은 임수(壬水)가 필요하고, 금한수냉은 병화(丙火)가 필요하다.

진술축미가 편재이면 돈복이 있다. 편재는 부지런함, 쾌활함, 요령, 사교성, 융통성이다. 편재는 남의 돈을 빌려다가 사업을 하는 배짱이다. 편재가 돈 관리를 잘못하면 빚질 수도 있다. 편재는 식상생재가 제일 좋다. 그다음이 인다용재(印多用財)이다. 인다용재나 재격투인은 재성이 인성을 사용하여 지식으로 돈을 번다. 정재는 성실, 착실, 안정감, 통속적, 현실적이다. 정재의 좋은 짝꿍은 정관이다. 정관은 합리적, 효율성, 절약, 보수적, 공론 중시, 신용 중시이다. 관인상생, 재생관이 되면 돈을 번다.

편관은 용감, 권위, 리더십, 과감하다. 편관격(월지가 편관)은 관살(官殺)이라고 해서 살(殺)로 부르기도 한다. 살용식제(殺用食制), 살격용인(殺格用印), 살격봉인(殺格逢刃)이 좋다. 편인은 총명함, 천재성, 창의성이다. 편인격에서 식상이 도식되지 않으면, 교육, 연구, 학문 성취로 작용한다. 편인이 살인상생과 관인상생을 받으면 직장에서 높은 직위에 오른다. 정인은 균형적, 합리적, 실리적, 부모 조력이 좋다. 사주가 신약하고 재극인(財剋印)이 되면 염세주의자가 된다. 관성은 대인관계를 잘하고, 재성은 돈 버는 수완이 좋고, 인성은 기획력이 좋다. 비겁과 식상은 하고 싶은 일을 하면서 사람들과 잘 지낸다.

재성은 양명지본(養命之本)이기에 세운(歲運)에서 재성 운을 살펴서 사망운을 예측할 수 있다. 재성이 운에서 극을 받으면 건강이 약해지고 병이 든다. 월주 인성이 희신이면 훌륭한 학자나 교수가 된다. 인성이 연월주(年月柱)에 분포하면 부모님의 사랑을 받고 자란다. 대략 연월주가 관인상생, 재생관 사주이면 안정적인 가정환경에서 부모에게 사랑받고 사회에서 인정받으며 자란다.

식상생재가 좋게 작용하려면 팔자에 비겁이 있어야 한다. 신왕재왕해야 식상생재를 잘한다. 살격봉인(殺格逢刃)과 살격용겁(殺格用劫)은 군인, 경찰, 검경직, 생사여탈 직업이 좋다. 재격투인(財格透印)이나 인다용재(印多用財)는 재성이 앞에 있고, 인성이 뒤에 있어야 돈을 번다. 월간(月干)이 재성이고 시간(時干)이 인성이면 좋다. 비견과 재성이 좋으면 재성이 목표 의식이라서 비견의 힘으로 치열하게 노력한다.

사주로 강약 판정을 하는 이유는 억부 용신으로 세운을 보아야 하기 때문이다. 양간은 월지에 뿌리 내린 천간이 세력을 형성한다. 음간은 월지에 뿌리내렸어도 다른 천간의 기운이 다른 지지에 세력이 있으면 그 천간의 기운도 읽어줘야 한다. 양간은 자기 기운이 세서 다른 세력으로 종(從)하지 않는데, 음간은 재관의 세력이 강하면 재관의 세력에 종하기도 한다. 음(陰) 일간은 지지에 뿌리내린 천간이 인성이면 종하지 않는다. 양간이나 음간이나 지지에 뿌리내린 인성이 천간에 있으면 종하지 않는다.

45. 용신과 격국

격국을 정할 때는 월령분일용사법(지장간의 일수(日數))을 계산하여 월령(月令)으로 읽지 않고, 월지의 지장간에서 천간으로 투출된 글자를 격국으로 정한다. 인원용사지신은 지장간이다. 월지 지장간에서 천간으로 투간한 글자가 격국이다. 예를 들어 갑일간(甲日干) 술월지(戌月支)이면 목극토로 편재격이다. 그러나 월지 지장간 술월에서 천간에 정화(丁火)가 투출 해 있으면 목생화로 상관격이다.

잡기격은 월지 진술축미에서 투출한 천간으로 격을 읽을 때 쓰는 용어이다. 굳이 잡격이라고 할 필요가 없다. 또한 격을 정할 때 가장 강한 천간의 십성을 따져서 격을 정하기도 한다. 격을 정하는 경우는 월지가 중심이지만, 투출된 천간이 합이 되었을 때, 다른 천간을 격국으로 정할 수 있다. 가장 주도적인 천간 세력을 중시하여 그 글자를 격국으로 정해도 된다. 월지가 비견겁재이며 팔자에 재관이 있으면 록겁격(록은 비견격이고, 겁은 겁재격이다.)이라고 해도 된다.

관살혼잡 사주는 일간이 신왕하면 아무 문제 없다. 신왕살왕(身旺殺旺)은 자기 인생을 책임감 있게 산다. 신왕재왕(身旺財旺)도 지지에 일간의 뿌리가 있으면 아주 잘 산다. 일간이 강왕(强旺)하면 재생살(財生殺)도 재극인(財剋印)도 아무 문제 없다. 대운에서 합관유살(合官留殺), 합살유관(合殺留官)하면 된다.

조후용으로 상관견관(傷官見官)도 좋을 때가 있다. 금수상관희견관(金水傷官喜見官)일 경우이다. 갑목일간 정화상관에게 경금(벽갑인정)편관이 좋다. 병화일간 기토상관에 계수정관이 좋다. 임수일간 을목상관에 무토편관이 좋다. 계수일간 갑목상관에 기토 편관이 좋다. 이런 글자 간의 상관견관은 좋은 작용을 한다.

사주팔자와 대운은 조후용신과 격국용신을 보고, 거기에 맞는 희신을 선택해서 해석하면 된다. 세운은 억부용신으로 희신을 선택한다. '자평진전'과 '난강망'은 팔자원국과 대운을 해석하는 책이다. 세운의 흐름을 설명한 책은 '적천수보주'이다. 종격은 종왕격(비겁 사주), 종강격(인성 사주), 종아격(식상 사주), 종재격(재성 사주), 종살격(관성 사주)이 있다. 종왕격은 팔자 모두가 비겁이다. 인성운과 비겁운이 좋고, 관성운과 재성운은 나쁘다. 종강격은 팔자가 인성 위주이다. 인비운이 좋고, 재성운은 나쁘다. 종기(從氣)격은 팔자의 기세가 센 글자에 종하는 격국이다. 금수(金水)에 종하면 금수운이 좋고, 목화(木火)에 종하면 목화운이 좋다. 종세격은 팔자에 인성과 비겁이 없고, 식재관만 있을 때, 인성과 비겁운이 나쁘고, 재성운이 가장 좋고, 관성운,

식상운 순서로 좋다.

　화기(化氣)격은 화한 기운에 종하는 격국이다. 지지(地支)가 인오술이면 화(火)운을 따르는 운이 좋다. '자평진전'과 '난강망'에서는 종격이나 화격이나 반드시 득시(得時), 득령(得令), 지지가 같은 오행이어야 한다. 종격과 화격은 순응해서 생 하는 운을 좋게 보고, 거스르는 극(剋) 운은 나쁘게 본다. 화기격이나 종기격은 세운에서 인비식 운이 좋고 재관운은 나쁘다. 대운은 격국을 변화시킬 수 있어서 자세히 살펴야 한다. 화격이나 종격이 오로지 한 기운으로 몰려야 진화(眞化), 진종(眞從)이라고 하고, 거스르는 글자가 있으면 가화(假化), 가종(假從)이라고 한다. 진종이나 진화격은 인비식운에 좋다.

　화염토조(火炎土燥)나 금한수냉(金寒水冷)은 화격이나 종격이 좋지 않다. 조후가 깨지면 몸이 아프기 때문이다. 조후용신이 화격이나 종격의 용신을 따르는 것보다 더 중요하다. 화격이나 종격의 용신은 억부용신 개념과 유사하다. 인성과 비겁이 용신이거나 혹은 식상과 재성과 관성이 억부용신으로 쓰이기 때문이다.

　내격은 월지에서 격국 이름이 정해지는 것이고, 외격은 월지 외에 다른 지지나 세력 강한 천간에 이름 붙인 격국이다. 내격은 월지 기준으로 이름 붙이기에 종화격도 월지 기준이면 내격이 된다. 정격(定格)은 월지 기준으로 나온 팔격이다. 변격(變格)은 종화격이나 일행득기격, 양신성상격(兩神成象格) 등, 팔자의 기세가 센 천간으로 이름 붙

여진 격국이다.

  용신은 격국(格局)용신, 조후(調喉)용신, 억부(抑扶)용신 세 개를 구한다. 팔자와 대운에서 격국과 조후용신을 적용하고, 세운에서 억부용신을 적용한다. '인원용사지신(지장간)'에서 인원의 의미는 지장간이다. 월주(月柱)는 살아생전의 집이고, 시주(時柱)는 돌아가 쉬는 집이다. 월지는 투출한 천간이 세력이고, 시주는 태어난 시간에 따른 분각용사법(分刻用事法)을 써도 무리가 없다.

46. 신왕사주, 신약사주

　신왕사주는 자기 꿈을 이루는데 신약사주보다 더 좋을 수 있다. 신왕사주는 팔자에 인성이나 비겁이 두 개 이상 있는 사주이다. 비겁은 인맥이고, 인성은 조력자이다. 비겁이 있으면 주변에 사람이 많아 외롭지 않고, 인성이 있으면 머리가 좋고, 인덕이 있다. 비겁은 친구, 동료, 경쟁심, 투지력이다. 인성은 아이큐가 높고, 조력자, 후원자, 똑똑함이다. 비겁과 인성이 사주에 두 개 있다면 그 글자는 좋게 작용한다. 비겁은 식상을 생 해서 하고 싶은 일을 하면서 돈을 벌 수 있고, 인성은 관성을 보호하고 인성이 일간 '나'를 생 해서 조직이나 직장에서 안정적인 지위를 가질 수 있다. 그러나 비겁과 인성이 세 개 이상이면 단점으로 작용한다.

　사주에 비겁이 있으면 식상운, 재성운, 관성운을 좋게 쓸 수 있다. 식상운이 오면 비겁으로 식상을 생 해서 일을 하며 돈을 번다. 재성운이 오면 비겁이 돈을 벌기 위한 기회가 된다. 관성운이 오면 비겁이 스트레스를 버티는 힘으로 작용한다. 비겁은 '내'가 힘들 때 옆에 있어 주는 친구, 의지력이다. 비겁은 기댈 수 있는 사람, 뚝심, 건강한 체력이다. 그런데 사주에 비겁이 세 개 이상이면 고집불통, 독불장군으로 작용하지만, 한두 개의 비겁은 협력, 의지력, 좋은 경쟁자로 작용한다.

음간(陰干) '을정기신계(乙丁己辛癸)'에게 비겁은 음간이 기댈 수 있는 아주 좋은 친구이다. 음간은 약하기에 하나의 비겁이 있으면 그 비겁에게 기댈 수 있어서 음간의 힘이 강해진다. 양간(陽干) '갑병무경임(甲丙戊庚壬)'은 자체 힘이 강하기에 비겁에게 의지하지 않아도 살 수 있지만, 음간에게는 두 개의 비겁이, 양간에게는 한 개의 비겁이 사주에 있으면 좋다.

사주에 인성이 있으면, 인성은 관성을 보호해서 관인상생으로 조직 생활을 지혜롭게 한다. 인성은 눈치가 빠르고, 상황판단을 잘해서 적응력이 좋다. 조직 생활을 하는 사람에게 인성이 있으면 승진이 순조롭고 조직에서 인정받는다. 인성은 자유 영혼이기보다는 조직 질서에 자기를 맞추는 눈치이다. 인성은 윗사람에게 사랑받으며 윗사람과 잘 지낸다. 인성이 있으면 상하관계를 잘한다. 자기가 잘났어도 자기보다 더 잘난 사람이 있음을 인정한다. 자기가 우물 안 개구리임을 안다. 인성은 인정받는 학위, 증명서, 자격증이다.

그러나 사주에 인성이 세 개 이상으로 너무 많으면 자립심이나 독립심이 약하고 의존적이다. 게으르고 무사태평하며 잠이 많다. 인성이 많으면 식상운이 와도 일을 하지 않고, 이 핑계 저 핑계를 대면서 자기 합리화를 한다. 편인은 식신을 도식(倒食)하기에 하던 일을 중단하거나 일을 그만둔다. 일하지 않아서 돈이 없다. 사주에 편인이 많은데 식상운이 오면 몸이 약해지고 질병에 걸린다. 식상은 밥그릇인데, 편인이 밥그릇을 엎어 버린다. 사람이 몸이 아프면 먹지 못해서 병치레를 더 심하게 한다.

양간(陽干) 갑병무경임(甲丙戊庚壬)에게는 하나의 인성이 좋고, 음간 을정기신계는 두 개의 인성이 좋다. 그러나 양간이든 음간이든 세 개 이상의 인성은 일하지 않고 공부만 하면서 세월을 보내다가 중장년의 나이에 몸 쓰는 노동일을 할 수 있다. 사주에 인성이 세 개 이상이면 반드시 공부해서 사무직이나 전문직으로 일해야 늘그막에 돈으로 고생하지 않는다.

신약한 사주는 인성이나 비겁이 없는 사주이다. 식상이 많은 신약한 사주는 좋게 풀릴 수 있다. 일간이 생(生) 하는 식상은 힘들이지 않고 일한다. 식상은 재성을 생 해서 돈을 버는 수단이다. 재성이 많아서 신약한 사주는 몸이 아프다. 돈을 벌다가 건강이 약해진다. 일만 하다가 피곤하고 집에 오면 쓰러지기 바쁘다. 신약한 사주라도 식상운과 재성운이 돈으로 연결되면 좋게 작용한다. 사람이 돈을 벌면 좋은 호르몬이 나와서 몸이 아프지 않고 기분이 좋아지고 건강해진다. 그래도 신약한 사주는 평소에 섭생을 잘하거나, 운동으로 몸을 튼튼하게 만들면 좋다.

관성이 많아 신약한 사주는 병에 걸릴 확률이 높다. 관성은 외부로부터 주어지는 스트레스이다. 스트레스를 버티다가 몸과 마음에 병이 든다. 관성은 일간(나)을 극 하는 외부질서이기에 '내'가 당할 수밖에 없다. 우울증, 공황장애, 암, 뇌 질환, 심장질환에 노출될 수 있다. 관성이 많아서 신약한 사주는 인성운이나 식상운이 도움이 된다. 인성은 관성의 기운을 설기해서 '나'를 돕고, 식상은 관성을 제압해서 '나'를 극 하지 못하게 만든다. 신약 사주는 인성운과 비겁운이 희신(喜神)이다.

신왕 사주이든, 신약 사주이든 사주를 구할 희신(喜神)이 있다. 신왕사주도 좋을 때가 있고, 신약사주도 좋을 때가 있다. 어떤 사주든 좋게 작용하려고 하지, 나쁘게 작용하지 않는다. 사주를 구해주는 희신은 사주를 중화시키는 글자이다. 신왕 사주에는 식상과 관성이 희신이고, 신약사주에는 인성과 비겁이 희신이다. 사주를 볼 때 나쁘게 보려면 한없이 나쁘게 볼 수 있고, 좋게 보려면 한없이 좋게 볼 수 있다. 보통은 신왕사주가 자기 의지로 세상과 싸워 자기만의 삶을 살 수 있다. 그리고 신약사주는 세상에 적응하는 유연성이 좋다. 사주가 신왕하면 극충(剋沖)이 들어오는 운에도 무난하게 지나간다. 사주가 신약하면 극충 운에 아플 수 있어도, 팔자에 생 하거나 설기(강한 기운을 **빼다**)하는 글자가 있으면 괜찮다.

사주가 신약하면 건강이 좋지 않고, 사주가 신왕하면 자기 고집만 강해서 타인들과 화합하지 못한다. 사주가 신왕하면 자기 잘난 맛에 타인들을 인정하지 않고, 자기 의견만 주장하다가 외롭게 된다. 사주가 신약하면 재생살(財生殺) 운이나, 식신과 재성이 사지묘지절지(死支墓支絶支)에 놓이는 운에 병에 걸릴 수 있다. 병에 걸려도 신왕 사주는 자기 힘으로 일어나지만, 신약 사주는 병이 낫지 않을 수 있다. 사주는 음양오행이 골고루 있는, 중화된 사주가 좋다.

사람은 죽을 것을 알면서도 열심히 일하며 사는 존재이다. 좋게 풀리든 힘들게 풀리든 살아 있는 한 타인들과 맞추면서 살고 있다. 신왕 사주는 주체적으로 타인과 관계 맺는다. 신약사주는 타인과 관계 맺으면서 져주기에 마음이 아플 수 있고, 불안장애나 공황장애로 힘들 수 있다. 그러나 신약사주는 치열한 경쟁사회에서 융통성과 융화력으로 살아남는다. 신왕이든 신약이든 사주를 중화시키는 글자가 들어오면 사주가 좋게 작용한다. 사주가 신왕하면 독립심과 자립심이 강하고, 사주가 신약하면 융통성과 화합력이 강하다.

타고난 사주보다 더 강하게 개인을 조정하는 요인은 외부 환경이다. 가정환경과 사회구조가 개인 사주보다 더 중요하다. 사주가 신왕하든 신약하든 가정환경이 좋으면 좋게 작용하고, 사회구조가 정의로우면 개인 사주도 좋게 작용한다.

47. 월지와 격국(格局)

월지(태어난 달)가 식신이면 식신격이다. 식신격은 월지(月支)의 지장간 글자가 천간에 식신으로 투간(透干)되었을 경우이다. 식신은 건강함이다. 식신은 예술적 자질, 의식주 복, 수명 복, 편관을 조절한다(식신제살). 식신은 외유내강이며 창조력이다. 학문, 교육, 기술, 제품개발, 창작활동, 설계기획이다. 비견이 있으면 식신생재를 잘한다. 식신생재를 할 때는 겁재를 제압할 관성이 있으면 더 좋다. 관성은 재성을 보호하고 재성을 빼앗아가는 겁재를 제압한다.

월지(月支)가 상관이면 상관격이다. 월지의 지장간 글자가 천간에 상관으로 투간되어 있으면 상관격이다. 상관격은 주변 상황에 눈치 빠르게 적응한다. 상관은 인정욕구가 강해서 타인을 제압하고 타인에게 존경받고 싶어 한다. 상관은 재성을 만나서 상관생재를 하거나, 정인이나 편인이 제압하는 상관패인이 좋다. 상관격이 신약하면 구설수에 휘둘리고 손에 쥐는 결과물이 약하다. 상관이 재성 없이 인성이 많으면 상관상진(傷官傷盡)이 되어 상관의 능력을 쓸 수 없다. 비견과 겁재가 많아서 상관을 생 하면 전문기술자가 된다. 의약사, 변호사, 기자, 역술인, 방송연예인, 프리랜서, 예술가가 좋다.

월지(月支)가 정재이면 정재격이다. 월지의 지장간 글자가 천간에 정재로 투간되면 정재격이다. 정재격은 사주가 신왕해야 식신생재, 상관생재, 재생관을 잘한다. 재다신약(財多身弱)이면 돈과 건강과 사람을 잃는다. 정재격에 재성이 하나인데 양인, 겁재가 사주에 많으면 군겁쟁재가 일어나서 사기꾼, 거짓말쟁이, 빚쟁이가 될 수 있다. 정재격이 사주에 겁재나 양인이 세 개 이상이면 아버지가 일찍 돌아가실 수 있고, 남자는 돈이나 여자를 극 하므로 손재수나 이별수가 있다. 정재격의 희신은 관성이 제일 좋다.

월지가 편재이면 편재격이다. 월지의 지장간 글자가 천간에 편재로 투간되면 편재격이다. 편재는 안정적인 월급이기보다는 사업해서 버는 돈이다. 편재는 기회 포착 능력이고 영역 확보 능력이다. 편재는 활동공간을 확대하는 역마살이다. 편재격은 사주가 신약하면 돈만 쫓아다닐 뿐, 내 돈이 되지 못한다. 정재는 정관이 보호하지만, 편재는 정관과 편관이 다 보호한다. 또한 편재는 편인을 극 하여 지식 산업 일을 창출하기에, 편재가 극 하는 편인은 재극인이 좋게 작용한다. 편재격은 신왕재왕(身旺財旺)에 관성이 있어야 무병장수하고 부와 명예를 누린다. 편재는 유동 재산이라서 관성의 보호가 필요하다.

월지가 정관이면 정관격이다. 월지의 지장간 글자가 천간에 정관으로 투간되면 정관격이다. 정관격은 준법정신과 질서 의식이 좋다. 공무원, 공기업, 대기업 관리자이다. 정관격이 상관운에서 상관에게 극을 받으면 직업 변동이 있다. 그런데 사주에 인성이 있어서 정관을 보호하고 상관을 제압하면 직장 변동이 거의 없다. 정관격은 겁재운에 겁재가 재성을 극 하기에 재성이 관성을 보호하지 못해서 부서 변동이 있을 수 있다. 정관격은 상관운, 관살혼잡운, 겁재양인운에 말과 행동을 조심해야 한다.

월지가 편관이면 편관격이다. 월지의 지장간 글자가 천간에 편관으로 투간되면 편관격이다. 편관은 호랑이이다. 편관이 세 개 이상이어서 제화(制化)가 안 되면 귀살(鬼殺), 칠살(七煞)이라고 한다. 깡패, 강도, 사기꾼, 범법자, 암, 질병이다. 그러나 식신제살, 살인상생, 양인합살이 되면 편관은 지도자가 되거나 조직에서 인정받는다. 편관격은 신왕해야 겁재와 양인을 다스리는 외교관, 실무관이 된다. 편관격에 신약하면 질병으로 고생한다. 편관이 재자약살(재성이 약한 편관을 돕는다)이면 기술자, 예술가, 역술가, 인력소개소, 광고, 홍보, 보험, 의약사, 종교인이 좋다. 비견, 겁재, 정인, 편인이 없는데 재생살(財生殺) 운이 오면 편관격은 질병에 걸린다.

월지가 정인이면 정인격이다. 월지의 지장간 글자가 천간에 정인으로 투간되면 정인격이다. 정인격이 신약하면 재극인(財剋印) 운에서 명예 실추, 어머니 문제가 있다. 사주가 신왕하면 재극인을 당하지 않는다. 정인격은 관인상생, 살인상생, 인다용재, 재격투인이면 편안하게 산다. 인성이 좋으면 부모의 조력이 좋고, 사회적 지원을 받는다. 그러나 사주가 인성도 많고 비겁도 많으면 게으르고 잠이 많아, 되는 일이 없다. 이런 경우에는 편재나 정재운이 들어와서 인성을 재극인으로 극 해야 일을 하기 시작한다.

월지가 편인이면 편인격이다. 월지의 지장간 글자가 천간에 편인으로 투간되면 편인격이다. 편인격은 상관으로 가면 좋다(상관패인). 편인이 식신으로 가면 편인도식이 일어난다. 편인도식이면 키도 자라지 않고, 하고자 하는 일이 중단되고 질병에 걸릴 수 있다. 편인도식일 때 편재가 있으면 상황이 좋게 변한다. 편재가 편인을 극 하기에 편인도식이 일어나지 않는다. 혹은 비견이 있어서 편인과 식신을 통관해 주면 편인도식이 일어나지 않는다.

월지가 비견이면 비견격이다. 월지의 지장간 글자가 천간에 비견으로 투간되면 비견격, 건록격이라고 한다. 비견격은 재성을 극 하기에 관성이 있어야 좋다. 비견이 세 개 이상이어서 비견이 재성을 극 하면 남자에게는 아내 문제, 남녀 모두에게는 아버지 문제, 돈 문제가 생긴다. 그러나 월지 비견은 자수성가하는 힘이 강하다. 비견은 독립심, 입신양명하는 의지력이다.

월지가 겁재이면 겁재격이다. 월지의 지장간 글자가 천간에 겁재로 투간되면 겁재격, 제왕격이라고 한다. 겁재격은 인덕(人德)이 약해서 홀로 자수성가한다. 겁재격은 사주에 관성이 있어서 관성이 겁재를 제압하면 생사여탈의 권력 직업에서 성공한다. 월지 비견이나 겁재는 관성으로 극을 당해야 좋게 쓰인다. 관성이 없으면 식신이나 상관으로 설기(洩氣)하면 좋다. 설기는 기운을 빼내서, 생 하는 일을 한다.

48. 육친 해석

　육친(六親)은 팔자 원국에서 정해진다. 육친은 아버지, 어머니, 형제자매, 배우자, 자식, '나'로 주로 혈육 관계이다. 사주(四柱)의 연월일시를 근묘화실(根苗花實)이라고 한다. 연주는 뿌리 근(根), 월주는 유전자인 싹 묘(苗), 일주는 '나'로 표상되는 꽃 화(花), 시주는 '내'가 만든 열매 실(實)이다. 그래서 연주(年柱)는 조상 궁(宮), 월주(月柱)는 부모님 궁, 일주(日柱)에서 일간(日干)은 '나', 일지(日支)는 배우자 궁, 시주(時柱)는 자식 궁이라고 한다.

　연주(年柱)는 조상 궁(宮), 월주(月柱)는 부모궁과 손윗사람 궁, 일주(日柱)는 배우자 궁, 시주(時柱)는 자식궁과 손아랫사람 궁으로 읽는다. 연주가 관인상생이면 조상님이 편안하게 살았다고 해석하면 되고, 연주가 겁재정재이면 조상님이 힘들게 살았다고 해석하면 된다. 월주가 관인상생, 재생관, 식상생재이면 부모님이 부지런하게 잘 살았다고 해석하면 된다. 월주가 상관견관이면 부모님의 사이가 좋지 않다고 해석하면 된다. 시주(時柱)가 관인상생이면 남자는 자식복이 있고, 여자는 시주가 식신생재이면 자식복이 있다고 보면 된다.

십성에서 육친으로는 편재는 아버지, 정인은 어머니, 비견과 겁재는 형제자매, 남편은 정관, 아내는 정재, 자식은 식상(여자사주)과 관성(남자사주)이다. 육친을 볼 때 연월일시주(年月日時柱)로 보기도 하고, 십성으로 보기도 한다. 남자에게 아내를 나타내는 재성이 연주(年柱)에 있을 수 있다. 남자에게 연주에 있는 재성이 상신(相神)이거나 희신(喜神)이면 아내복이 있다. 남자 사주에 재성이 없다면 일지 배우자 궁으로 아내복을 예측한다. 남자 사주 일지가 겁재이면 아내복이 없고, 식상이면, 식상생재하기에 아내복이 있을 수 있다.

일지(日支)에 인성이 있다면 인성이 희신인지 기신인지를 판단한다. 남자인 경우에 일지 인성이 희신이면 어머니복과 자식복이 있고, 기신이면 어머니복과 자식복이 약하다. 시간(時干)으로 자식이 출세할지를 보고, 시지(時支)로는 지지의 합형충파해를 따져서 자식복을 본다. 여자 사주 일지에 상관이 있으면 상관견관을 하기에 남편복이 없고, 여자 사주 일지에 재성이 있으면 재생관을 하기에 남편에게 잘한다.

아버지는 편재이고, 어머니는 정인이다. 월주(月柱)는 부모궁이다. 그리고 월지(月支)는 격국(格局)을 결정한다. 격국은 사주 당사자의 가장 큰 특징이다. 월주가 사주에서는 가장 힘이 세기에 월지를 격국의 근원으로 결정한다. 월주는 일간 '나'의 싹이다. 싹은 유전자이다. 월간에 편재가 있고, 월지에 정인이 있어서, 월주가 재극인이 되면, 부모복이 좋다. 아버지 편재가 어머니 정인을 극 하면서 부부가 제 역할을 하면, 자식이 잘 자란다. 편재는 바깥에서 활동해서 돈을 벌어오고, 정인은 집안에서 자식에게 사랑을 주는 어머니이기에 역할 분담이 좋다.

궁(宮)으로 사주를 보면 연간은 정인, 연지는 정관으로 관인상생 되고, 월간은 편재, 월지는 정인으로 재극인이 되고, 일지가 남자는 정재, 여자는 정관이면, 조상복, 부모복, 배우자복이 좋다. 시주(時柱)가 남자에게는 정관, 여자에게는 식신이면 남녀 모두 자식복이 좋다. 그런데 사주는 이렇게 각각의 궁에 십성이 자리 잡지 못한다. 만약에 남자 사주 일지에 정재가 없고, 편관이 있다면, 남자의 아내가 편관 같은 아내라고 해석해도 된다. 편관은 일간을 제압하기에, 남자는 자기 아내에게 꼼짝 못 하고, 아내 말을 잘 듣는 남자라고 해석하면 된다.

일반적으로 연주는 조상궁, 월주는 부모궁, 일지는 배우자궁, 시주는 자식궁인데, 궁보다는 십성으로 육친을 읽는 게 더 잘 맞는다. 남자 사주 일지가 겁재, 여자 사주 일지가 상관이면 부부 이별수가 있다. 겁재는 정재(아내)를 극하고 상관은 정관(남편)을 극 하기 때문이다. 남녀 모두 일지가 충(沖) 하면 배우자 복이 약하다. 남녀 모두 시지(時支)가 충(沖) 하면 자식운이 약하다.

연주는 어린시절, 월주는 청소년 시절, 일주는 성인 시절, 시주는 말년으로 읽어도 된다. 연월주는 어린 시절과 청소년 시절에 부모와의 관계를 알게 한다. 연월주는 일간 '나'를 지배한다. 연월주는 내가 태어난 사회적 가정적 환경이다. '내'가 부모를 선택할 수 없듯이 '내'가 연월주를 지배할 수 없고, 연월주에게 지배당한다. 연월지(年月支) 충(沖)은 미미하지만, 월일지(月日支) 충이나 일시지(日時支) 충은 가족 관계가 힘들 수 있다. 일시지(日時支) 충은 '나'와 자식 관계가 힘들다.

남녀 사주가 화염토조(火炎土燥)나 목분화열(木焚火烈)이면 아기가 생기기 힘들다. 아기는 수(水) 기운으로 생기기 때문이다. 그리고 금한수냉(金寒水冷)도 아기가 생기기 힘들다. 정자나 난자가 너무 차가워서 자식이 생기기 힘들다. 시주(時柱)는 자식궁이기에, 시주에 남자는 관성이, 여자는 식상이 희신(喜神)으로 있으면 자식복이 있다.

육친을 읽을 때 먼저 십성으로 읽고, 그다음에 육친에 해당하는 십성이 없을 때는 연월일시인 궁(宮)으로 육친의 희기(喜忌)를 읽는다. 보통은 연월주에 사길신(식신, 정재, 정관, 정인)이 있으면 부모복이 좋고, 사흉신(상관, 편관, 편인, 양인)이 있으면 부모복이 없는 편이다. 개략적으로 연월주에 재관(정재과 정관)이 좋으면 부모가 좋고, 상관과 양인이면 부모의 경제적 능력이 좋지 않다. 연월주에 정인이 희신이면 부모가 사랑이 많고, 정재와 정관이 희신이면 부모가 부귀한 편이다. 연월주의 재성과 관성은 아버지로 읽고, 연월주의 인성은 어머니로 읽어도 된다. 연월주의 상관과 양인은 부모가 통제적이고 강압적이다. 사주에 관성이 많으면 비견과 겁재를 극 하기에 형제자매의 수가 적다. 비겁이 희신이면 형제복이 있고, 기신이면 형제복이 없다.